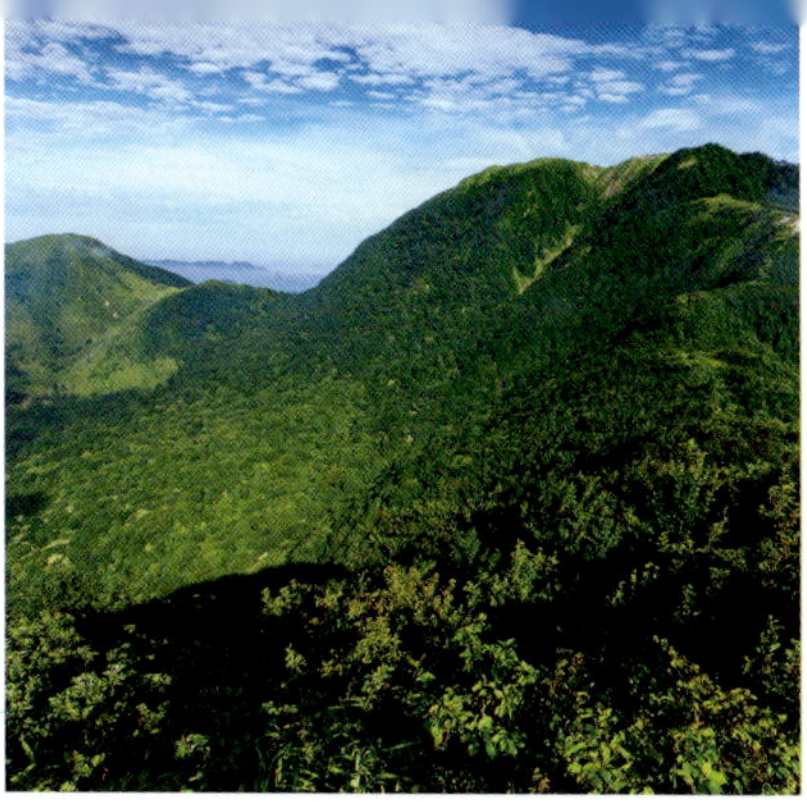

分県登山ガイド 31

島根県の山

岡本良治 著

山と溪谷社

分県登山ガイド――31
島根県の山
目次

島根県の山 全図……04
概説 島根県の山……06
[コラム] 島根県の山の花……10

◉ 島根半島
01 出雲北山① 旅伏山……14
02 出雲北山② 鼻高山……16
03 出雲北山③ 弥山……18
04 出雲北山④ 出雲北山縦走……20
05 馬着山……26
06 嵩山・和久羅山……28
07 大平山……30
08 朝日山……32

◉ 松江市南部周辺
09 京羅木山……34
10 独松山……36
11 月山……38
12 比婆山……40
13 八雲山……42
14 天狗山（松江市）……44
15 大出日山……46
16 幡屋三山 丸倉山・大平山・八十山……48
17 高瀬山……50

◉ 出雲脊稜山地周辺
18 三郡山……52
19 玉峰山……54

20 船通山 …… 56
21 吾妻山 …… 59
22 猿政山 …… 62
23 鯛ノ巣山 …… 64
24 大万木山 …… 66
25 沖の郷山 …… 68
26 琴引山 …… 70
27 女亀山 …… 72
◉ 三瓶山周辺
28 三瓶山① 環状縦走コース …… 74
29 三瓶山② 姫逃池コース …… 78
30 三瓶山③ 室ノ内・太平山 …… 80
31 仙ノ山 …… 82
32 矢滝城山 …… 84
33 大江高山 …… 86
34 冠山（石見冠山） …… 88
◉ 浜田市・益田市周辺
35 室神山（浅利富士） …… 90
36 本明山 …… 92
37 金木山 …… 94
38 雲城山 …… 96
39 漁山（浅間山） …… 98
40 日晩山 …… 100
41 大道山 …… 102
◉ 石見脊稜山地
42 春日山 …… 104
43 広見山 …… 106
44 大神ヶ岳・赤谷山 …… 108
45 安蔵寺山① 奥谷ルート …… 110
46 安蔵寺山② 香仙原ルート …… 114
47 三子山 …… 116
48 天狗山（益田市） …… 118
49 地倉沼 …… 120
50 青野山 …… 122
51 盛太ヶ岳 …… 124
◉ 隠岐島
52 大満寺山 …… 126

●本文地図主要凡例●

- - - - - 紹介するメインコース。

- - - - - 本文か脚注で紹介しているサブコース。一部、地図内でのみ紹介するコースもあります。

Start Goal Start Goal 225m 出発点／終着点／出発点・終着点の標高数値。

管理人在中の山小屋もしくは宿泊施設。

紹介するコースのコースタイムのポイントとなる山頂。

○ コースタイムのポイント。

管理人不在の山小屋もしくは避難小屋。

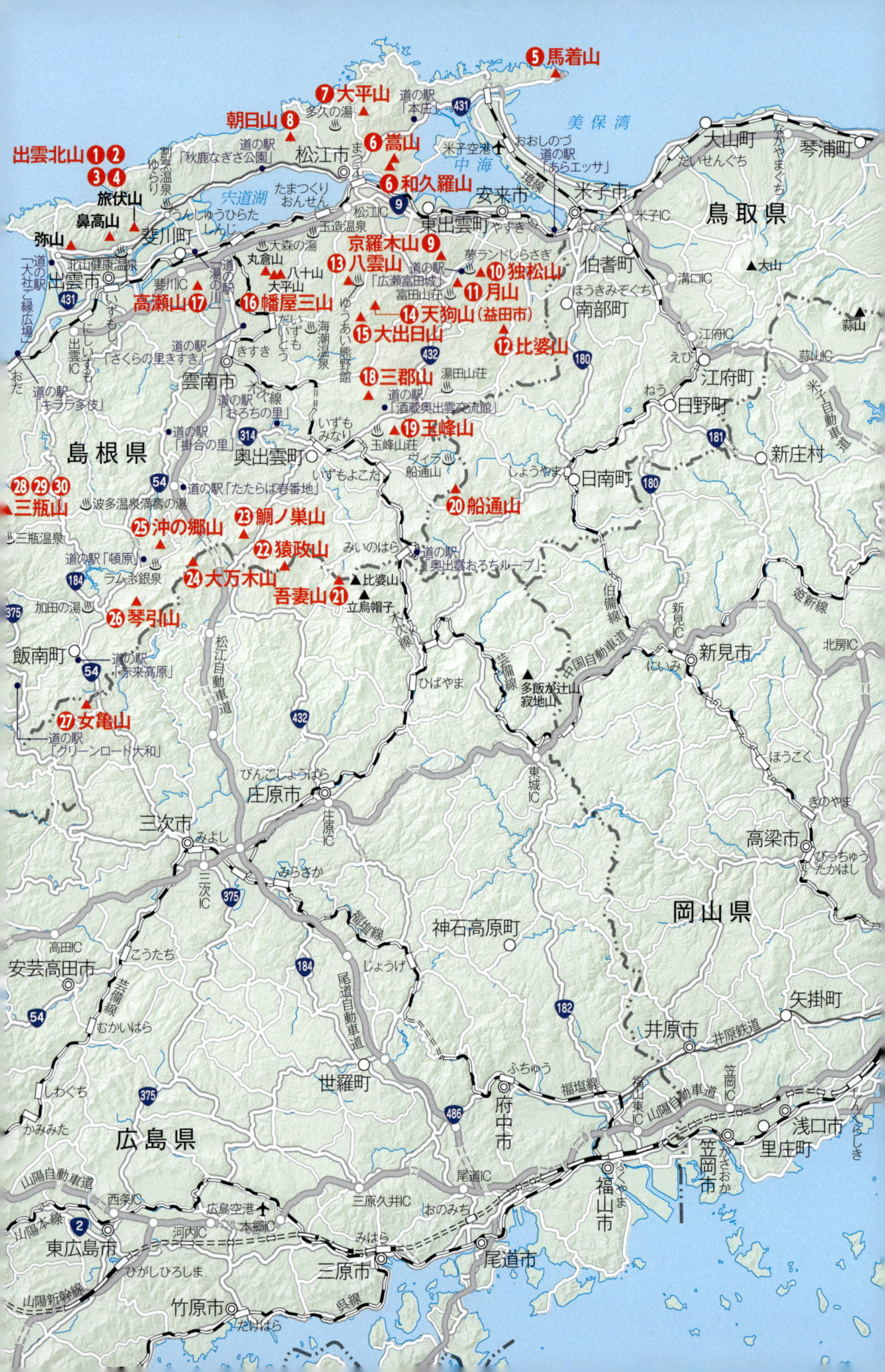

5 馬着山
7 大平山
道の駅「本庄」
多久の湯
朝日山 8
6 嵩山
6 和久羅山
出雲北山 1 2
3 4
旅伏山
鼻高山
弥山
道の駅「秋鹿なぎさ公園」
松江市
宍道湖
たまつくりおんせん
うんしゅうひらたしんじ
斐川町
玉造温泉
松江IC
東出雲町
安来市
米子市
美保湾
中海
米子空港
おおしのづ
道の駅「あらエッサ」
境線
大山町
琴浦町
だいせんぐち
鳥取県
米子IC
伯耆町
溝口IC
大山
京羅木山 9
13 八雲山
道の駅「広瀬富田城」
富田山荘
10 独松山
11 月山
夢ランドしらさぎ
南部町
ほうきみぞぐち
14 天狗山（益田市）
15 大出日山
12 比婆山
丸倉山
八十山
大平山
大森の湯
北山健康温泉
出雲市
道の駅「大社ご縁広場」
道の駅「湯の川」
斐川IC
高瀬山 17
16 幡屋三山
海潮温泉
ゆうあい熊野館
出雲IC
道の駅「さくらの里きすき」
きすき
雲南市
道の駅「キララ多伎」
おだ
18 三郡山
湯田山荘
道の駅「酒蔵奥出雲交流館」
道の駅「おろちの里」
木次線
19 玉峰山
玉峰山荘
ヴィラ船通山
道の駅「掛合の里」
奥出雲町
いずもみなり
いずもよこた
島根県
道の駅「たたらば壱番地」
28 29 30
三瓶山
三瓶温泉
波多温泉満寿の湯
25 沖の郷山
23 鯛ノ巣山
22 猿政山
20 船通山
しょうやま
日南町
道の駅「頓原」
ラムネ銀泉
24 大万木山
吾妻山 21
比婆山
立烏帽子
みいのはら
道の駅「奥出雲おろちループ」
加田の湯
26 琴引山
江府IC
江府町
日野町
蒜山
蒜山IC
米子自動車道
新庄村
伯備線
姫新線
新見IC
新見市
にいみ
北房IC
中国自動車道
芸備線
多飯が辻山
寂地山
ひばやま
飯南町
道の駅「赤来高原」
27 女亀山
道の駅「グリーンロード大和」
松江自動車道
東城IC
ほうこく
きのやま
高梁市
びっちゅうたかはし
びんごしょうばら
庄原市
庄原IC
三次市
みよし
三次IC
みらさか
福塩線
岡山県
神石高原町
高田IC
こうたち
安芸高田市
芸備線
むかいはら
じょうげ
尾道自動車道
矢掛町
井原市
井原鉄道
世羅町
ふちゅう
府中市
福塩線
福山東IC
山陽自動車道
笠岡IC
浅口市
里庄町
かさおか
笠岡市
しわぐち
かみみた
広島県
ふくやま
福山市
山陽自動車道
西条IC
広島空港
本郷IC
河内IC
三原久井IC
尾道IC
おのみち
山陽本線
東広島市
ひがしひろしま
みはら
三原市
尾道市
山陽新幹線
竹原市
たけはら
呉線

島根県の山全図

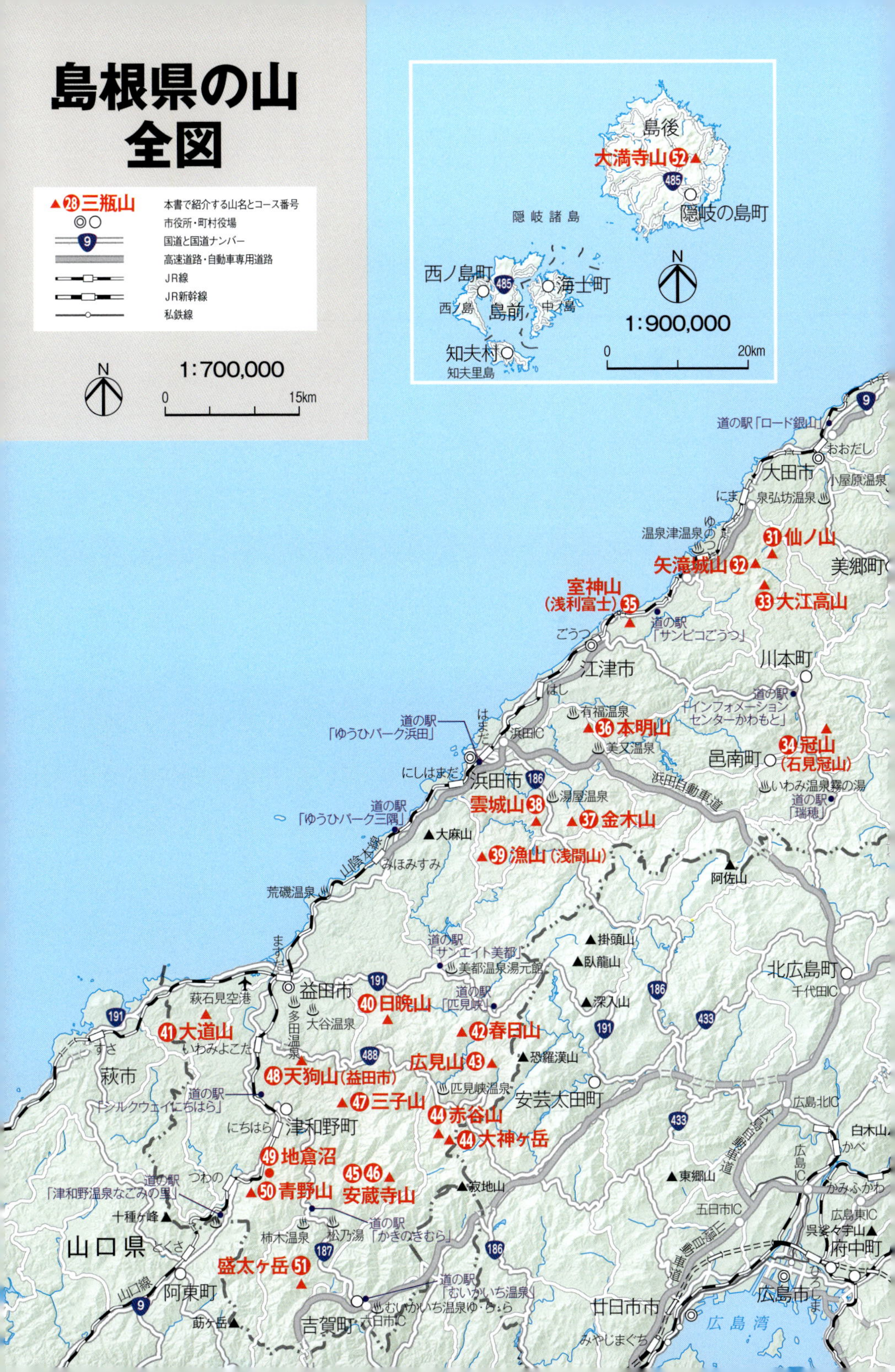

▲㉘三瓶山 本書で紹介する山名とコース番号
市役所・町村役場
国道と国道ナンバー
高速道路・自動車専用道路
JR線
JR新幹線
私鉄線
N
1:700,000
0
15km
島後
大満寺山52▲
485
隠岐の島町
隠岐諸島
西ノ島町
485
海士町
西ノ島
島前
中ノ島
知夫村
知夫里島
N
1:900,000
0
20km
9
道の駅「ロード銀山」
おおだし
大田市
小屋原温泉
にま
泉弘坊温泉
温泉津温泉
ゆのつ
31仙ノ山
矢滝城山32
美郷町
室神山
(浅利富士)35
33大江高山
道の駅
「サンピコごうつ」
ごうつ
江津市
川本町
道の駅
「インフォメーション
センターかわもと」
はし
有福温泉
36本明山
34冠山
(石見冠山)
道の駅
「ゆうひパーク浜田」
はまだ
浜田IC
美又温泉
邑南町
にしはまだ
浜田市
186
湯屋温泉
浜田自動車道
いわみ温泉霧の湯
道の駅
「瑞穂」
道の駅
「ゆうひパーク三隅」
雲城山38
37金木山
大麻山
山陰本線
39漁山(浅間山)
みほみすみ
阿佐山
荒磯温泉
道の駅
「サンエイト美都」
掛頭山
美都温泉湯元館
臥龍山
ますだ
益田市
191
北広島町
萩石見空港
40日晩山
道の駅
「匹見峡」
深入山
186
千代田IC
191
多田温泉
大谷温泉
191
433
41大道山
42春日山
いわみよこた
すさ
488
広見山43
恐羅漢山
萩市
48天狗山(益田市)
道の駅
匹見峡温泉
安芸太田町
「シルクウェイにちはら」
47三子山
広島北IC
44赤谷山
白木山
にちはら
津和野町
433
かべ
44大神ヶ岳
49地倉沼
広島IC
道の駅
つわの
45 46
東郷山
かみふかわ
「津和野温泉なごみの里」
50青野山
安蔵寺山
寂地山
広島東IC
五日市IC
十種ヶ峰
道の駅
呉娑々宇山
柿木温泉
松乃湯
「かきのきむら」
山口県
府中町
とくさ
187
186
盛太ヶ岳51
道の駅
広島市
山口線
阿東町
「むいかいち温泉」
9
むいかいち温泉ゆ・ら・ら
廿日市市
広島湾
吉賀町
六日市IC
筋ヶ岳
みやじまぐち

概説 島根県の山

岡本良治

中国山地の脊梁を広島県境として日本海側に位置する島根県は、東に鳥取県、西に山口県と接している。大まかに見ると、県のほぼ中央部を流れる江《ごう》の川によって、脊梁は東側の中国山地中部（中央中国山地ともよぶ）と西側の西中国山地に分けられている。その脊梁からはずれた中東部に活火山の三瓶山《さんべさん》がそびえている。また、日本一の汽水域となる斐伊《ひい》川水系の宍道《しんじ》湖、中海《なかうみ》の北に島根半島が東西65キロにわたって連なり、その北方60キロ沖に隠岐島《おきのしま》が浮かぶ。日本海側気候のエリアなので、北西季節風の影響を受けて冬季は天候の悪い日が多く、平野部でも積雪が見られ、脊梁山地では2メートルを超える積雪も珍しくない。

●島根県の山の植生

県境上にある標高1346メートルの恐羅漢山《おそらかんざん》を頂点とする島根県の山々は、山地帯から低地帯に含まれ、山地帯ではブナやミズナラ、カエデなどの夏緑林が優占し、市街地近郊の低地帯の山々ではシイやカシ、アオキなどの照葉樹が優占する林を形成する。ただ、古くから人里の暮らしと密接にあった山々なので、薪炭材の供給地や採草地として利用されてきたことから、ほとんどは二次林となる。さらに杉や桧の植林も多く、ほぼすべての山域にその植林地がある。隠岐諸島には独自の生態系があり、北方系や南方系、高山植物などが、沿岸部でも混在する。

●山域の特徴

■島根半島　東西65キロにわたって連なる島根半島は「島根半島・宍道湖中海ジオパーク」に認定されている。東から高尾山《たかおさん》（328メートル）を頂点とする美保関《みほのせき》エリア。三坂《みさか》山《やま》（536メートル）を頂点とする松江《まつえ》北山《きたやま》。朝日山《あさひさん》（344メートル）のある本宮《ほんぐう》山塊。そして鼻高山《はなたかせん》（536メートル）のある出雲《いずも》北山に分けられる。本書で紹介する美保関エリアの馬《ば》着《ちゃくさん》山、松江北山の大平山《おおひらやま》、本宮山塊の朝日山は比較的短時間で登れる。出雲北山は島根県内では車道に接しない登山道として最長の縦走コースがあり、登山道も急峻で登り応えのあるエリアとなっている。

■松江市南部周辺　宍道湖、中海の南側に位置し、中海に注ぐ伯太《はくた》川、飯梨《いいなし》川、意宇《いう》川、宍道湖に注ぐ斐伊川などの浸食作用の影響を受けた山々は、いわゆる里山で、その多くに中世の山城跡があり、頂上はもとより、山腹や麓周辺にも遺構が見られるので、それらを探りながらの登山も楽しめる。

船通山の山頂を埋めるカタクリの大群落

石見脊稜山地・大神ヶ岳の初夏。立岩の岩頭から安蔵寺山を見る

■出雲脊梁山地周辺

広島県、鳥取県、島根県の県境付近にある山地を「中国山地」あるいは「中央中国山地」とよぶが、本書は島根県の山をわかりやすく「出雲脊梁山地」としている。猿政山《さるまさやま》を頂点に、船通山《せんつうざん》、吾妻山《あづまやま》、大万木山《おおよろぎやま》、琴引山《ことびきやま》、鯛ノ巣山《たいすやま》、指谷奥《ゆびたにおく》などの1000メートルを超える山々からなり、良質な砂鉄がとれることから、古くからタタラ製鉄が盛んに行われていた山域だ。中腹や山麓などでタタラ場やカンナ流しの水路跡、山を切り崩したカンナ残丘など、そこかしこで痕跡を見ることができる。また、ブナを中心とした自然林が比較的広範囲で残るエリアで、鯛ノ巣山から大万木山を経て琴引山に連なる尾根は、途中で車道を3箇所はさむが、県内最長の縦走コースとなる。

■三瓶山周辺　三瓶山は中国地方では大山《だいせん》に次いで知名度のある山で、活火山に指定されている。標高1126メートルで島根県内では17番目の高さとなるが、知名度と存在感のためか、島根の最高峰と誤認されることも少なくない。周辺に高い山のない独立峰で、頂上部には高木がなく、ススキやササの草原が広がり、イヨフウロやオオバギボウシ、ダイセンクワガタなどの花々に出会える。その西方には

秋たけなわの三瓶山。左は孫三瓶山、中央が子三瓶山

冬晴れの吾妻山。その右に猿政山、三瓶山が望める

石見《いわみ》銀山遺跡を含む大江高山《おおえたかやま》火山群が独特な山容を見せ、本書ではギフチョウとイズモコバイモの見られる大江高山と、矢滝城山《やたきじょうざん》、銀山遺跡の中心部にある仙《せん》ノ山《やま》などを紹介している。そして江の川をはさみ、於保知《おおち》盆地にそびえるピラミダルな石見冠山《いわみかんざん》は、タタラ製鉄の痕跡が色濃く残る山だ。

■浜田市・益田市周辺　島根県の西部、石見地方の市街地近郊にある里山で、古くから里人と深い関わりのある山々。また万葉歌人・柿本人麻呂にゆかりの山や地域も多く、文化や信仰、そして要害の山として低山ながらも魅力的な山域となっている。

■石見脊梁山地周辺　恐羅漢山を主峰とする西中国山地は1969年に「西中国山地国定公園」に指定され、島根県、広島県、山口県の1000㍍を超える山々や渓谷で構成されている。島根県内では安蔵寺山《あぞうじやま》や大神《だいじん》ヶ岳《たけ》、広見山《ひろみやま》、春《かす》日山《がやま》、匹見峡《ひきみきょう》などが国定公園に含まれているが、島根県の山をわかりやすくするために、津和野《つわの》や益《ます》田《だ》市中部付近までを石見脊梁山地と表現した。国定公園内の山や渓谷は、北東から南西方向にのびるいく筋もの断層線の影響を受け、主尾根や谷はほぼ断層に沿って形成されている。その断層を縫うように広見川や匹見川が蛇行しながらも北北西方向に下り、高津《たかつ》川に合流して益田市内から日本海に注いでいる。また、津和野町にある青野山《あおのやま》を代表とする青野山火山群は、約100万年から10万年前に活動した溶岩ドーム群で、北東から南西方向に25個も分布しているという。地倉沼《ちくらぬま》はその火山活動において形成された堰止湖で、季節や降水量によって水位が大きく変化する。そのような環境でしか生息しない生物の発見や、地中から聞こえてくる伏流水の音など、興味深いエリアだ。

■隠岐　隠岐諸島全域が隠岐ユネスコ世界ジオパークに認定されている。大きくは島前《どうぜん》、島後《どうご》の2つに分かれ、中《なか》ノ島《しま》の家督山《あとどさん》（246㍍）、西《にし》ノ島《しま》の焼火山《たくひやま》（452㍍）、知夫里島《ちぶりじま》のアカハゲ山（325㍍）が島前3島それぞれの最高峰で、紹介した大満寺山《だいまんじさん》（608㍍）は道後の最高峰になる。ここでは紹介できなかったが、アカハゲ山には野ダイコンの群生地があり、江戸時代に築かれた「名垣《みょうがき》」とよばれる牧畑の石垣が約2㌔にわたって続き、牧歌的な景観を見せている。自然景観や生態系、文化が本土とは異なり、植生や地形、歴史など興味深い見どころが豊富だ。離島のため山登りだけでは足が向きにくいが、アフター登山には事欠かない諸島となっている。

●安全に登るために

島根県には中国山地を中心にツキノワグマが生息しているが、近年は松江市や益田市、浜田《はまだ》市などの市街地近郊や沿岸部でも目撃例

猿政山のオオヤマレンゲ

霧に浮かぶ大万木山のタコブナ

があり、ほとんどの山でツキノワグマに遭遇する可能性がある。また、イノシシも多く、いずれも不意に出合うと危険なので、熊鈴やラジオなどで人間の存在を早めに知らせるのも有効かもしれない。さらに中国山地、西中国山地、隠岐島を中心にマムシが多く生息している。初夏から秋にそれらの山域を歩くと、ほとんどの場合、数匹のマムシを見る。日当たりのいい岩の上に居るのもよく目にする。特に前夜に雨が上がり、当日に天候が回復すると、周辺のササやぶから日の当たる登山道に出てきて日光浴をするようで、10㍍足らずの間に十数匹の個体に遭遇したこともあった。登山用タイツは機能性が高くスタイリッシュだが、マムシに対しては無防備だろう。遊歩道状によく整備されている登山道は別として、これらの山域を歩く場合は、スラックスタイプか、スパッツを着用すると、噛まれるリスクは軽減できると思う。

青野山火山群の堰止湖・地倉沼

ほとんど水のない渇水期の地倉沼

本書の使い方

■日程　島根県内の主要都市を起点に、アクセスを含めて、初級クラスの登山者を想定した日程としています。

■歩行時間　登山の初心者が無理なく歩ける時間を想定しています。ただし休憩時間は含みません。

■歩行距離　2万5000分ノ1地形図から算出したおおよその距離を紹介しています。

■累積標高差　2万5000分ノ1地形図から算出したおおよその数値を紹介しています。は登りの総和、は下りの総和です。

■技術度　5段階で技術度・危険度を示しています。は登山の初心者向きのコースで、比較的安全に歩けるコース。は中級以上の登山経験が必要で、一部に岩場やすべりやすい場所があるものの、滑落や落石、転落の危険度は低いコース。は読図力があり、岩場を登る基本技術を身につけた中～上級者向きで、ハシゴやクサリ場など困難な岩場の通過があり、転落や滑落、落石の危険度があるコース。は登山に充分な経験があり、岩場や雪渓を安定して通過できる能力がある熟達者向き、危険度の高いクサリ場や道の不明瞭なやぶがあるコース。は登山全般に高い技術と経験が必要で、岩場や急な雪渓など、緊張を強いられる危険箇所が長く続き、滑落や転落の危険が極めて高いコースを示します。島根県の山の場合はが最高ランクになります。

■体力度　登山の消費エネルギー量を数値化することによって安全登山を提起する鹿屋体育大学・山本正嘉教授の研究成果をもとにランク付けしています。ランクは、①歩行時間、②歩行距離、③登りの累積標高差、④下りの累積標高差に一定の数値をかけ、その総和を求める「コース定数」に基づいて、10段階で示しています。が1、が2となります。通常、日帰りコースは「コース定数」が40以内で、～（1～3ランク）。激しい急坂や危険度の高いハシゴ場やクサリ場などがあるコースは、これに～（1～2ランク）をプラスしています。また、山中泊するコースの場合は、「コース定数」が40以上となり、泊数に応じて～もしくはそれ以上がプラスされます。島根県の山の場合はが最高ランクになります。

紹介した「コース定数」は登山に必要なエネルギー量や水分補給量を算出することができるので、疲労の防止や熱中症予防に役立てることもできます。体力の消耗を防ぐには、下記の計算式で算出したエネルギー消費量（脱水量）の70～80㌫程度を補給するとよいでしょう。なお、夏など、暑い時期には脱水量はもう少し大きくなります。

	時間の要素		距離の要素		重さの要素
行動中のエネルギー消費量（kcal） ＝	1.8×行動時間（h）	＋	0.3×歩行距離（km）＋ 10.0×上りの累積標高差（km）＋ 0.6×下りの累積標高差（km）	×	体重（kg）＋ザック重量（kg）
＊kcalをmlに読み替えるとおおよその脱水量がわかります	山側の情報 ―「コース定数」				登山者側の情報

島根県の山の花

写真＝岡本良治

表記の花期はおおよその時期を示します。

ダンコウバイ 三瓶山 3月

ヤマブキ 大江高山 4月→

キンミズヒキ
大満寺山、10月

ツワブキ 大平山 10月

オトギリソウ 三瓶山、7月

ウリノキ 猿政山、6月

キツリフネ 吾妻山、6月

コオニユリ 三瓶山 8月

黄色系の花

サワオグルマ 吾妻山、5月

キンラン 盛太ヶ岳、5月

イワキンバイ 三瓶山、7月

ダイセンキスミレ 吾妻山、5月

サンインシロカネソウ 船通山、5月

キバナカワラマツバ 吾妻山 6月

アキノキリンソウ 広見山、9月

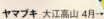

紫・褐色系の花

カタクリ
船通山 4月

オキナグサ 三瓶山、4月

ダイセンクワガタ 三瓶山

マツムシソウ
三瓶山、8月

ヤマアジサイ
嵩山、6月

トキワイカリソウ
青野山 4月

ミゾソバ 鯛ノ巣山、9月

ヤマラッキョウ 吾妻山 10月

ムラサキシキブ 鯛ノ巣山、9月

タンナトリカブト
女亀山 9月

アキチョウジ
女亀山、9月

コアジサイ 天狗山、5月

マムシグサ 大江高山 4月

イヨフウロ
三瓶山 9月

カキツバタ
三瓶山、5月

ボタンネコノメソウ 船通山、5月

ヨシノアザミ 琴引山 9月

ハシリドコロ
船通山 4月

リンドウ
幡屋三山 11月

ムラサキケマン
青野山 4月

ママコナ
三瓶山 8月

ツルニンジン 広見山 8月

オオバギボウシ
三瓶山 7月

エゴ 琴引山 6月

イブキトラノオ
吾妻山 6月

シラネセンキュウ 広見山 9月

シャガ
大江高山 4月

ユキザサ 安蔵寺山 5月

ウツギ 仙ノ山 5月

ナルコユリ 吾妻山 6月

サンカヨウ 大万木山 5月

白色系の花

ホソバノヤマハハコ
三瓶山 8月

ネコヤナギ 三瓶山 3月

サラシナショウマとアサギマダラ 大満寺山 10月

リュウノウギク
三瓶山 11月

シライトソウ
嵓山 6月

ホツツジ 三瓶山 8月

ヤマブキショウマ
三瓶山 7月

ヤマボウシ 猿政山 6月

ヒヨドリバナ 広見山 7月

ヤブデマリ 安蔵寺山 5月

ヤマシャクヤク 安蔵寺山 4月

タンナサワフタギ
矢滝城山 5月

マツカゼソウ 鼻高山 10月

マイヅルソウ
出雲烏帽子山 6月

ホタルブクロ 三瓶山 7月

←ヤブニンジン 金木山 4月

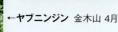

クロモジ　青野山 4月

サツマイモナリ　地倉沼 4月

アケボノソウ　広見山 9月

オオヤマレンゲ
猿政山 6月

コバノガマズミ　盛太ヶ岳 5月

オオカニコウモリ
鯛ノ巣山 9月

オカトラノオ　春日山 7月

トリアシショウマ
猿政山 6月

ミヤマカタバミ　三郡山 4月

イチリンソウ
大江高山 4月

ギンリョウソウ
安蔵寺山 5月

コンロンソウ
安蔵寺山 5月

ザイフリボク
天狗山(益田) 4月

赤色系の花

ショウジョウバカマ
出雲烏帽子山 5月

コバノミツバツツジ　大道山 4月

イワカガミ　大神ヶ岳 5月

ツクシミカエリソウ
広見山 9月

ササユリ　玉峰山 6月

ヤブツバキ
天狗山（益田）
4月

シモツケ
吾妻山 6月

ヤマツツジ　嵩山 6月

フシグロセンノウ　女亀山 9月

タニウツギ
出雲烏帽子山 6月

カワラナデシコ
吾妻山 6月

ツリフネソウ　鯛ノ巣山 9月→

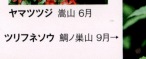

01 斐川平野を一望する展望園地

出雲北山① 旅伏山

いずもきたやま たぶしさん 421m（最高点＝490m）

日帰り

歩行時間＝2時間35分
歩行距離＝7.0km

技術度
体力度

コース定数＝**14**
標高差＝485m
累積標高差 ↗730m ↘650m

一本松から斐川平野と大山を遠望

旅伏山は出雲北山の東端に位置し、『出雲国風土記』に「多夫志の烽《とぶひ》」と記されている。狼煙台のあった頂上には芝生の広場とあずまやがあり、さながら展望園地といった感じだ。登山コースは金山谷登山口からが一般的で、頂上から出雲北山縦走路の途中、伊努谷《いぬだに》峠から鰐淵寺《がくえんじ》へ下るコースと、南麓の林木《はやしぎ》町を経て川跡《かわと》駅に向かうコースがある。

一畑《いちばた》電車の**旅伏駅**から北方向に道なりに歩き、国道431号の信号を渡ってそのまま進む。次の信号を越え、100メートル先の分岐を左の道に入ったら、すぐに右の道に分岐する。やがて康国寺《こうこくじ》をすぎた橋のたもとにある道標にしたがうと**金山谷登山口駐車場**に着く。

両側が切り立った廊下状の道

登山道に入ると、ほどなく北山一帯に生息するホンシュウジカの人里侵入を防ぐ防獣柵のゲートがある。ゲートをすぎると土留めの階段が続くようになる。振り向けば平田《ひらた》の街並みや宍道湖《しんじ》が望める。

階段から緩やかな道に変わり、再び階段をすぎると鳥居をくぐり**一本松**《いっぽんまつ》に着く。地名の由来となった一本松は枯れてしまっているが、鳥居の横からは斐川《ひかわ》平野や宍道湖、大山《だいせん》が望める。

ここから左右が急峻に切れ落ちている廊下状の尾根道を歩き、照

旅伏山頂上から十六島（うっぷるい）の岬に並ぶ風車を眺める

■**鉄道・バス**
往路＝一畑電車松江しんじ湖温泉駅から約40分で旅伏駅下車。電鉄出雲市駅からは川跡駅乗り換え約20分で旅伏駅下車。
復路＝鰐淵寺駐車場バス停から平田生活バスに乗り、唐川車庫乗り換えで雲州平田駅。一畑電鉄で松江しんじ湖温泉駅または電鉄出雲市駅に向かう。

■**マイカー**
山陰自動車道斐川ICから県道183号を北上し、国道9号を左折、直江交差点を右折して県道275号を北

葉樹が優占する林に囲まれた心地よい道をすぎると、左手に杉の植林がある。かつて出雲平野の展望が望めた場所だが、今では大きく育った杉の樹間からわずかに望めるだけだ。その先で鳥居をくぐり、都武自《つむじ》神社の下を巻くように登れば、展望のいい**旅伏山**に着く。

頂上からは急な木段を下り、照葉樹林から夏緑林に変わると三角点ピークに着く。ここから緩やかなアップダウンや水平な道を歩き、照葉樹林や夏緑林を楽しみながら進む。やがて露岩の多い尾根道となり、下りきったところが**伊努谷峠**だ。

鰐淵寺方面へは分岐を右に松《しょう》露谷《ろだに》を下っていく。一丁地蔵や道標を見ながら照葉樹の林床を下れば、歴史を感じさせる墓石を見るようになり、沢に沿った**別所《べっしょ》登山口**に着く。左に上がれば鰐淵寺があるので、バスの待ち時間に余裕があれば参拝したい。ここから渓流沿いのアスファルト道を右に10分ほど下っていけば**鰐淵寺駐車場のバス停**に着く。

CHECK POINT

1

金山谷登山口の駐車場。休日には満車になることも多い

2

防獣柵のゲート。通過したら必ずゲートをしっかり閉めること

3

一本松はベンチのある絶好の休憩ポイント

4

都武自神社の下を巻くように登って山頂へ

5

展望園地のような旅伏山頂上

6

露岩の多い尾根道をすぎるとほどなく伊努谷峠がある

7

伊努谷峠は鰐淵寺参拝の峠道で、北に松露谷を下って別所登山口へ

8

別所登山口となる松露谷入口には古い石仏や墓石が並ぶ

進し国道431号を左折、康国寺庭園の標識にしたがって右折して、国富コミュニティセンターの前から左の道に入り、康国寺をすぎて左折すると金山谷登山口駐車場がある。

■登山適期
通年登れるが、盛夏は暑さ対策を忘れずに。

■アドバイス
▽登山日が土・日曜、祝日の場合、帰路のバス便が少なく時間的余裕がないので、最終便の時間を確認すること。
▽南麓の林木町方面へは、伊努谷峠を左に下り、参道の面影が感じられる一丁地蔵を数えながら下っていくと橋を渡って林道に出る。林道を左にとり、突き当たりを左に歩いて行けば国道431号に出る。国道を左に約100《メートル》歩き、右の道に入ってカーブの少し先を右にまっすぐ歩けば左手に川跡駅がある。

■問合せ先
出雲市役所平田支所産業建設課☎0853・63・5535、一畑電車松江しんじ湖温泉駅☎0852・21・2429、雲州平田駅☎0853・62・2133、電鉄出雲市駅☎0853・22・5905、平田生活バスターミナル☎0853・62・3015

■2万5000分ノ1地形図
平田・出雲今市

＊コース図は22～23ページを参照。

02

古道の面影から半島の最高点に立つ

出雲北山② 鼻高山

いずもきたやま はなたかせん　536m（1等三角点）

日帰り

歩行時間＝2時間40分
歩行距離＝7・9km

技術度

体力度

コース定数＝14

標高差＝533m

累積標高差 ↗617m ↘617m

出雲北山の主峰・鼻高山は、東西65キロにおよぶ島根半島一の高峰だ。登頂感の得られる狭い頂からは展望もよく、平野部にあって登高差500メートルを超える山登りが楽しめるのは島根県内ではこの山だけだろう。

一畑《いちばた》電車の**高浜《たかはま》駅**から山に向かって車道を進み、バイパスを越えて国道431号を渡る。川に沿った道のたもとにある**天平《てんぴょう》古道客《きゃく》垣谷《がきだに》入口**の道標に導かれて、川沿いを上がっていくと、突き当たりに客垣地蔵堂が祀られている。ここから右に、そしてすぐに山間に向かう左の道を上がる。

ほどなく集落をはずれ、川沿いの轍道を歩くようになる。**林道終点**から登山道に変わり、木の橋を渡って篠竹に囲まれた道を抜けると、蔦《つた》岩《いわ》のたもとに天平古道の道標がある。

少しの間古道を歩き、沢にかけられた橋を渡って右に鹿除け柵の扉を開けて登っていく。湿り気のある谷間から、つづら折りで尾根に上がると、ほどなく獅子岩《ししいわ》に着き、振り向けば樹間から出雲ドームが間近に見える。このあたりからシロダモの群生が登山道沿いに続いている。途中、夫婦岩《めおといわ》のプレートがあるが、登山道から岩を見ることはできない。

休岩、ぼたもち岩をすぎると緩やかな道となり、広い平地を歩くようになる。登山道をはずれないように、少し登ると**矢尾《やび》峠**だ。右の尾根を登ると前方に鼻高山が望め、いく度かのアップダウンを繰り返しながら高度を上げて、鰐淵《がくえん》寺《じ》参道の峠道があった西峠に着く。

峠の先で急坂を登りきると**三方界**の分岐があり、左に登ると**鼻高山**頂上に着く。十畳程度の狭い頂上からは、南に出雲平野や中国山地の山並み、その右に存在感のある三瓶山《さんべさん》、振り向けば日本海と風力発電の風車が並ぶ十六島《うっぷるい》の岬が望める。

下山は**三方界**の分岐まで引き返し、左の天王山《てんのうざん》キャンプ場方面へ下る。小刻みなつづら折りの急坂を下り、月廻《つきまわ》り峠から尾根をはずれて左に山肌を下っていくと、しだいに薄暗い樹林帯に覆われ、鹿除け柵を抜けて中寺跡の分岐を右にとる。道沿いにはいく段もの平地跡があり、古くは人の営みがあったことがうかがえる。

再び鹿除け柵を抜けると竹林が広がり、天平古道の分岐を右にとり、林を抜けて**来阪《くるさか》神社の参道下**に着く。あとは車道を道なりに下り、国道から**高浜駅**へ戻る。

■**鉄道・バス**
往路・復路＝一畑電車松江しんじ湖温泉駅から電鉄出雲市駅行きに乗り、川跡駅で出雲大社前駅行きに乗り換え、高浜駅まで55分。または電鉄出雲市駅から松江しんじ湖温泉駅

登山道から出雲ドームと遠方に三瓶山を見る

鼻高山頂上から宍道湖方面を見る

斐伊川の堤防から眺める鼻高山

CHECK POINT

1 篠竹に囲まれた道を抜けると、かつて天平古道が通っていた鳶岩がある

2 登山道途中にある獅子岩。続いて休岩、ぼたもち岩をすぎていく

3 客垣谷と鰐淵寺を結ぶ矢尾峠越えの道は明治35年ごろに開かれたという

4 急登をすぎた尾根にある三方界の分岐を左に登る

5 鼻高山の狭い頂上からは灌木越しに展望が広がる

6 急坂を下ると月廻り峠がある。ここで尾根をはずれて左に山肌を下る

7 竹林の先にある分岐。ここを右に行くとまもなく林を抜ける

8 車道に出るとすぐに来阪神社があり、道なりに下っていけば国道に着く

行きで川跡駅乗り換え、高浜駅まで15分。

■マイカー
山陰自動車道斐川ICから県道183号、国道9号、県道161号、県道278号経由約12㌔で天平古道客垣谷入口に着く。ただし、登山口付近に駐車場はない。

■登山適期
通年登れるが、春や秋が最適で、盛夏は暑さ対策を忘れずに。

■アドバイス
▽鼻高山はいくつかの登山コースが設定できる。短時間で頂上に立ちたいなら、紹介コースの下山路とした天王山キャンプ場から登ると1時間足らずで登頂できる。

▽市街地に比較的近く、古くは採草地として利用された出雲北山には、現在歩かれている登山道のほかに、多くの山道が存在していた。人気のある山域なので、それらの道の痕跡や廃道歩きを楽しんでいる登山者もあり、目印のテープや踏跡も多くある。そのような道に迷いこまないように注意したい。

■問合せ先
出雲市役所☎0853・21・2211、一畑電車松江しんじ湖温泉駅☎0852・21・2429、電鉄出雲市駅☎0853・22・5905

■2万5000分ノ1地形図
大社・出雲今市

＊コース図は22～23㌻を参照。

03 眠る寺院跡から信仰と展望の頂へ

出雲北山③ 弥山

いずもきたやま　みせん　506m

日帰り

歩行時間＝2時間35分
歩行距離＝7・5km

技術度

体力度

コース定数＝14

標高差＝503m

累積標高差　641m　641m

↑堀川沿いの道から見る弥山

←御山神社の拝殿が建つ弥山頂上

弥山は出雲平野や山麓から眺めると明らかにそのピークがわかるほど突出した頂上部をもち、登山道は頂上に近づくにつれて急峻となり、展望と相まって、標高以上の登頂感が味わえる。一般的には修理免《しゅうりめん》コースからの往復登山となるが、阿式谷《あずきだに》から三角点を経るコースと、薬師谷《やくしだに》からのコースがある。中でも薬師谷コースには大きな記念碑やりっぱな石垣が残る寺院跡の坊床《ぼうとこ》など、変化と見どころのあるコースとなっている。

出雲大社《いずもたいしゃ》前駅を出て大社方面に少し歩き、はじめての道を右折すると堀《ほり》川に突き当たる。弥山を望みながら川沿いの道を進むと国道に出る。右に**みせん広場の駐車場**があり、車の場合はここを起点とするとよい。

広場の東側から山に向かって歩くと道標が登山口へ導いてくれる。やがて砂利道に変わり、その先で鹿避けのゲートをすぎると**弥山登山道入口**で、右の急斜面に登山道が上がっている。その先の分岐を左の薬師谷に向かう。砂防堰

■鉄道・バス
往路・復路＝一畑電車松江しんじ湖温泉駅から電鉄出雲市駅行きに乗り、川跡駅で乗り換え、終点の出雲大社前駅まで1時間。または電鉄出雲市駅から松江しんじ湖温泉駅行きで川跡駅乗り換え、終点出雲大社前駅まで25分。

■マイカー
山陰自動車道出雲ICから県道337号を経て国道431号を北上し、出雲大社の標識にしたがって県道161号に入り、神門通りを抜けて出雲大社の鳥居前から国道431号を右折して約500メートルでみせん広場駐車場に着く。

■登山適期
通年登れるが、盛夏は暑さ対策を忘れずに。

■アドバイス
▽薬師谷コースは修理免コースと比べると登山者が少なく、杉の落葉が積もって道がわかりにくい場合があるので、注意が必要だ。山林記念碑の先から沢を渡る場合、濡れた石はすべりやすいので慎重に渡ること。
▽坊床にはかつて神光寺があったが、約400年前に洪水で流されたといわれ、寺院跡の少し上には神光開山塔がある。寺は現在、島根県立出雲歴史博物館の南方200メートルあまりのところに建立されている。

■問合せ先

堤や取水施設をすぎると共益会と山林の大きな記念碑がある。そこからまっすぐのびる踏跡は水源への道で、登山道は沢を飛び石伝いに左に渡る。

杉の林立する谷間の中で石橋を渡り、古い石垣のあるつづら折りを繰り返すと田んぼ跡と思われる数段の平地をすぎて**坊床**に着く。

再び登りになって、沢を右に渡ると杉の植林からシロダモやシキミなどの照葉樹林に変わり、つづら折りを繰り返すと展望地をすぎて、峠越えの旧道跡を左に見送れば縦走路の**坊床峠**だ

尾根上を道なりに進み、村界の石柱の所で90度右に曲がって少し下ると、林間から左手に弥山の頂上部が見える。一度大きく下り、すべりやすい急坂を慎重に登れば石段状の露岩が現れ、いっきに展望が開けて修理免コースと合流して**弥山**頂上に着く。

下山は頂上直下の分岐から左の修理免コースをとる。岩の多い急斜面を慎重に下り、つづら折りを繰り返しながら照葉樹林の中を行く。五合目で展望が開け、いく度もつづら折りを繰り返しながら下っていくと、やがて薬師谷への分岐の下で**登山道入口**に着く。あとは往路を引き返す。

弥山直下の分岐

出雲市役所☎0853・21・2211、一畑電車松江しんじ湖温泉駅☎0852・21・2429、電鉄出雲市駅☎0853・22・5905

■**2万5000分ノ1地形図**

大社

CHECK POINT

1 みせん広場駐車場。マイカーの場合はここを起点とする

2 登山道入口から擬木の階段を登れば、左へ薬師谷の分岐がある

3 共益会記念碑と山林記念碑の先で沢を右岸に渡る

4 坊床の寺院跡の石垣に沿って歩いていく

5 坊床峠手前の展望地

6 縦走路分岐。ここから道なりに歩いていく

7 頂上直下にある岩場は浮石もあるので慎重に下りたい

8 展望地からは大社の街並みや駅、みせん広場駐車場が見える

*コース図は24～25ページを参照。

04

日帰り

県内最長級の尾根を縦走する

出雲北山④

出雲北山縦走

歩行時間＝6時間40分
歩行距離＝20・7km

技術度 体力度

いずもきたやまじゅうそう
536m（鼻高山）（1等三角点）

コース定数＝38

標高差＝531m

累積標高差 ↗1893m ↘1895m

←旅伏山頂上からは出雲ドームが前方に見える

←鼻高山頂上からはるか先にある弥山を見る

出雲北山の縦走路は、歩行距離約15キロと、途中車道に出合わない登山道としては島根県内最長の縦走コースとなる。

旅伏《たぶし》駅から伊努谷《いぬだに》峠までは01旅伏山を参照。

伊努谷峠をすぎて、緩やかに尾根を登っていくと、右手に鰐淵寺《がくえんじ》と日本海が望め、急登を越えると**鼻高山**《はなたかせん》頂上に着く。

狭い頂から南に下り、**三方界**《さんぼうかい》の分岐を右へ急坂を下って西《にし》峠へ、さらに尾根通しに行けば**矢尾**《やび》**峠**に着く。すぐに急登がはじまり、中《ちゅう》連峰《れんぽう》に上がる。少し緩やかになるが、再び急登となって、登りきれば中《なか》の小峰《こみね》、さらに急登を経て天《てん》ケ峰《みね》に着く。

急坂から歩きやすい起伏を繰り返し、比較的長い登りをすぎれば、大黒山《だいこくさん》を越え、石標の先で尾根が途切れると、右に狭い赤土の急な尾根を下る。ここは左にも踏跡があるので注意が必要だ。鞍部から露岩の多い小さなピークを進むと、地蔵の祀られている**遥堪峠**《ようかん》に着く。

歩きやすい道をたどり、見通しのきく林床からシキミやアセビが両側に続く道を登る。分岐で、縦走路は左に直角に曲がり、ほどなく万《まん》ヶ丸山《まるやま》の北西斜面を巻くように狭い道を進むと、支尾根を越えて**鈴谷**《りんたん》**峠**に着く。

道は二分するが、すぐに出合うので右の道を進む。尾根の起伏を巻く道は疲れた足にはありがたい。やがて極楽山《ごくらくやま》への登りとなり、ピークを越えて急坂を慎重に下る

■鉄道・バス

往路＝一畑電車松江しんじ湖温泉駅から電鉄出雲市駅行きに乗り、旅伏駅まで40分。または電鉄出雲市駅から松江しんじ湖温泉駅行きに乗り、旅伏駅まで20分。

帰路＝出雲大社前駅から川跡駅乗り換えで松江しんじ湖温泉駅まで1時間。または出雲大社前駅から川跡駅乗り換えで電鉄出雲市駅まで20分。

と樽戸峠《たるど》だ。シロダモのトンネルをくぐり、歩きやすくなった道を登ると天台ヶ峰南峰で、ここから左に折れて、アップダウンを繰り返しながら下って鼻《はな》突《つき》峠へ。小さなコブを越えると目の前にロープが設置された岩場が現れる。難しくはないが慎重に通過し、急登を頑張れば三角点のあるピーク。そして少し歩けば左手に感動的に展望が開ける岩場に出て、まもなく弥山の頂上に着く。

頂上直下の分岐を右に行き、わずかな岩場から樹林帯に入ると足がかりの少ない急坂が続く。下りきれば村界の石標がある鞍部、そしていく度かの起伏を数えて薬師《やくし》谷との分岐である坊床《ぼうとこ》峠に着く。

右に主尾根をたどり、石造りの祠の前を通りすぎると露岩の先に慰霊之碑所在地の石標がある。ほどなく尾根の左側を巻くように下り、右に大きく回りこんで猪目《いのめ》峠に下山する。車道を左に歩き、出雲大社《いずもたいしゃ》の参道から神門通りを経て**出雲大社前駅**に帰着する。

CHECK POINT

展望園地のような旅伏山の頂上。ここから頂稜縦走がはじまる

眼下の森の中に鰐淵寺を望む

三方界の石柱。出雲北山の尾根には、このような石柱が点在している

休憩ポイントとなる遥堪峠。峠を北に下りれば鰐淵寺へ、南に下りれば遥堪駅へ

鈴谷峠から、道は二股に分かれるがすぐに合流する

狭い樽戸峠からシロダモに囲まれた道を進む

弥山三角点手前にある岩場。慎重に登ろう

露岩のある弥山頂上部からは南に展望が開ける

猪目峠に下りて、左手に車道をしばらく歩いていくと出雲大社がある

■マイカー
山陰自動車道出雲ICから県道337号を走り、国道431号を北上し、出雲大社の標識にしたがって県道161号に入り、神門通りを抜け、出雲大社前駅をすぎた先を右折して、すぐに右折すると出雲大社前駅にパーク&ライド用の駐車場がある。

■登山適期
通年可能だが、ロングコースとなるので、日足の長い時期が適している。比較的涼しい4～5月ごろが適期で、盛夏は暑さ対策が必要。

■アドバイス
▽車一台で縦走登山の場合は、出雲大社前駅に駐車してパークアンドライドで起点の旅伏駅に向かうとよい。
▽エスケープを検討する場合は各峠から南側に下れば一畑電車の駅に行ける。
▽慰霊之碑所在地の石標は、昭和20年に海軍航空隊の陸上攻撃機が福岡から石川に飛行中、濃霧の中で北側の山肌に墜落し犠牲となった13名の慰霊地を示す石標。

■問合せ先
出雲市役所平田支所産業建設課☎0853・63・5535、一畑電車松江しんじ湖温泉駅☎0852・21・2429、電鉄出雲市駅☎0853・22・5905

■2万5000分ノ1地形図
大社・出雲今市・平田

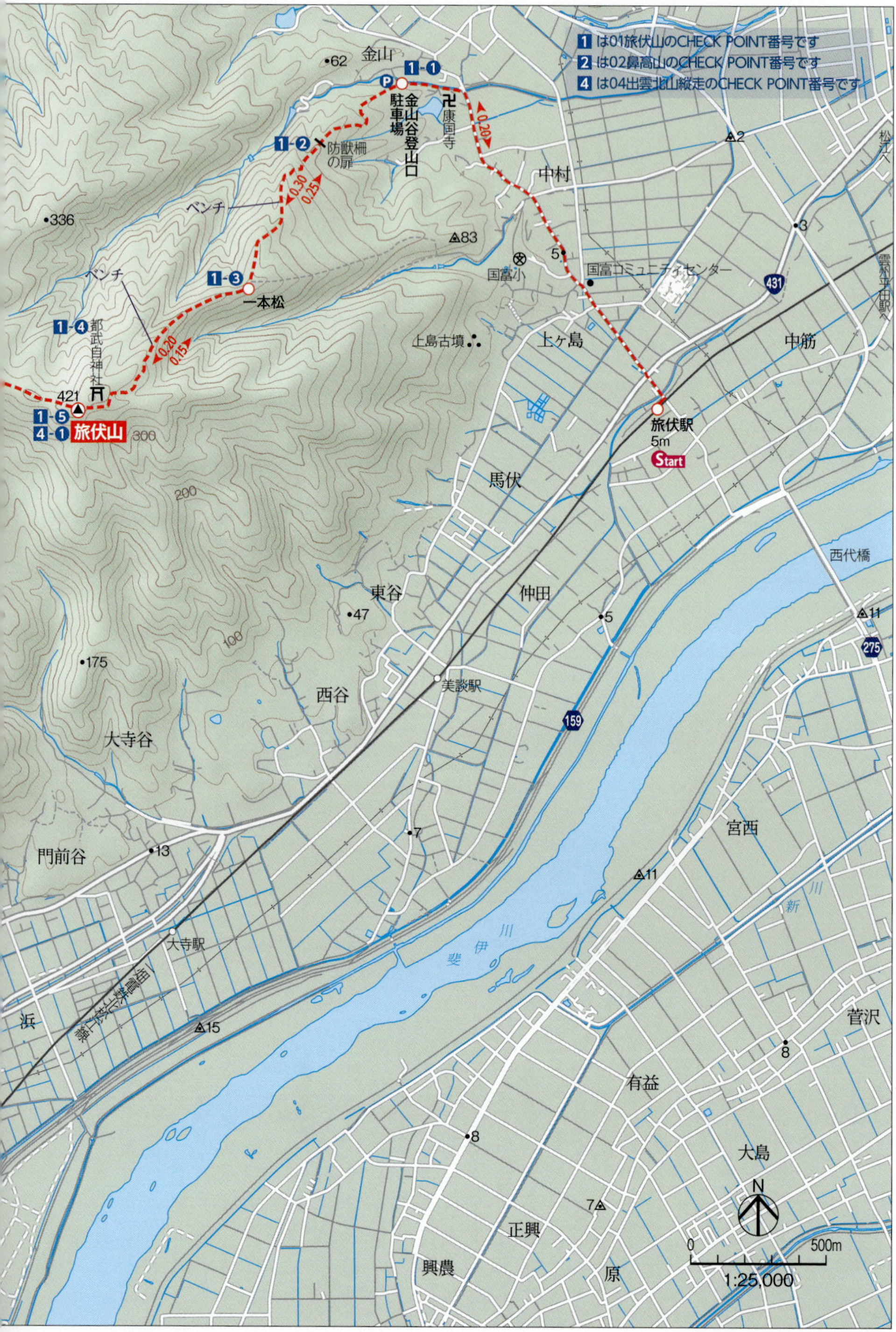

1 は01旅伏山のCHECK POINT番号です
2 は02鼻高山のCHECK POINT番号です
4 は04出雲北山縦走のCHECK POINT番号です
金山
1-1
駐車場
金山谷登山口
康国寺
0:20
1-2
防獣柵の扉
0:30
0:25
ベンチ
中村
1-3
一本松
ベンチ
1-4
都武自神社
0:20
0:15
421
1-5
4-1
旅伏山
国富小
国富コミュニティセンター
上島古墳
上ヶ島
中筋
旅伏駅
5m
Start
馬伏
東谷
仲田
西代橋
美談駅
西谷
大寺谷
門前谷
大寺駅
一畑電鉄北松江線
浜
斐伊川
宮西
新川
菅沢
有益
大島
正興
興農
原
1:25,000
500m
松江へ
雲州平田駅へ

十六島湾へ
304
鰐淵寺川
250
85m
Goal
鰐淵寺駐車場バス停
394
405
別所町
露岩の多い尾根道
ベンチ
0.10
唐川へ
1-8
別所登山口
0.25
0.30
鰐淵寺
仁王門
松露谷
道標
1-6
中国自然歩道
456
三角点ピーク
屏風岩
0.50
1-7
伊努谷峠
鶏ヶ烏帽子
483
わずかな露岩
24〜25ページへ
0.30
0.25
0.20
0.30
4-2
鰐淵寺の展望
橋
159
出雲市
469
熊成嶽
急坂
500
400
鼻高山
536
2-5
急坂
急坂
0.25
0.30
西峠（来成峠）
三方界
2-4
0.05
393
0.25
0.15
月廻り峠
2-6
防獣柵
防獣柵の扉
鳶が巣山
281
300
200
矢尾峠
2-3
高鍔山
380
中寺跡の分岐
中連峰
100
阿士谷
シロダモの群生
ぼたもち岩
いく段もの平地跡
0.30
0.40
防獣柵の扉
来阪神社
217
休岩
2-7
東林木町
獅子岩
2-2
分岐
天王山キャンプ場
林縁部
鍛冶屋谷
16
0.40
0.30
来阪神社参道下
防獣柵の扉
2-8
西林木町
山持川
蔦岩
2-1
矢尾町
谷田谷
林道終点
神門谷
日下町
客垣谷
廻田谷
0.10
431
客垣地蔵堂
0.25
0.30
島根県立短大
431
6
5
天平古道客垣谷入口
川跡駅
高浜川
0.10
別所
5
出雲大社前駅へ
278
17
高浜駅
3m
Start
Goal
武志駅へ

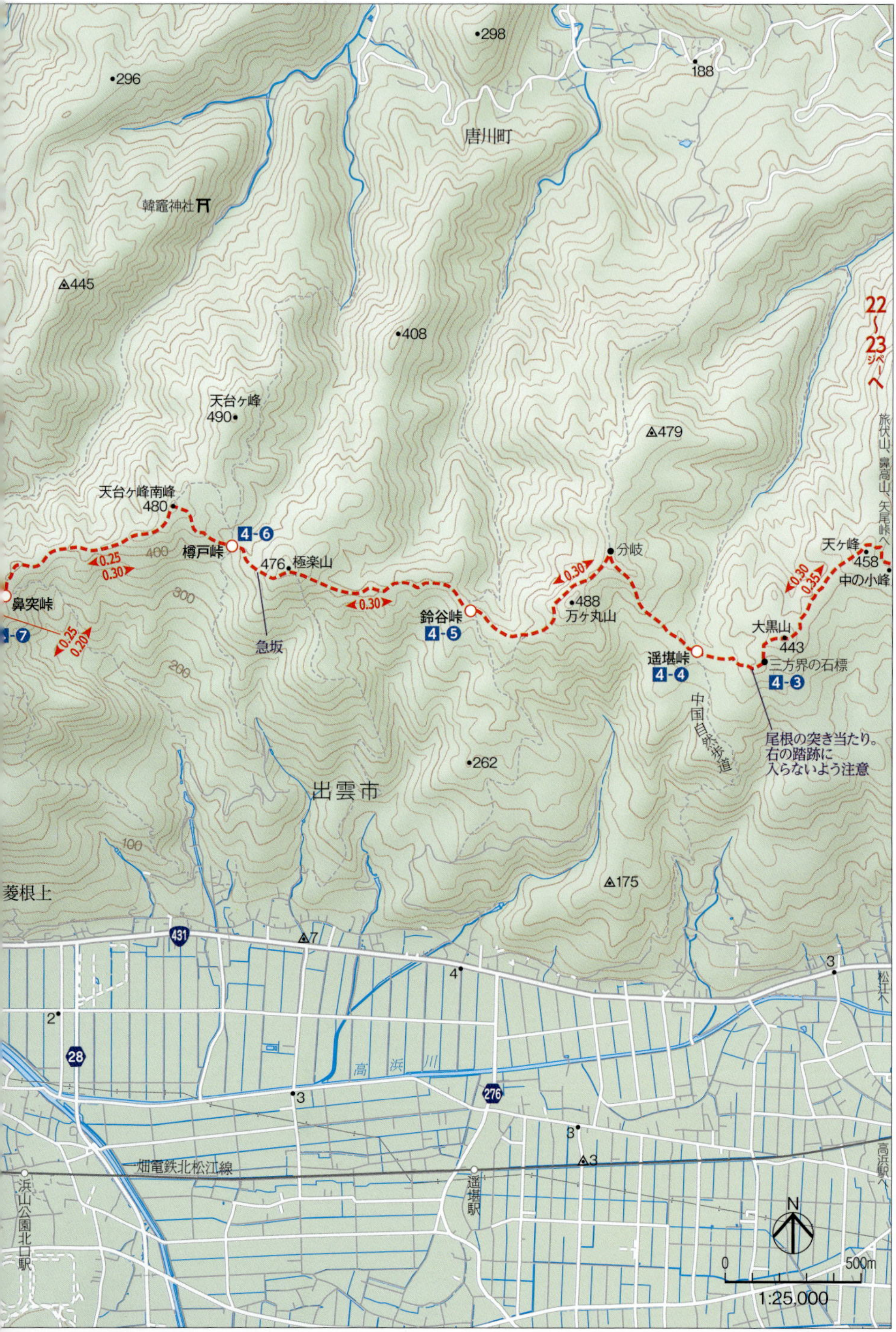

296
298
188
唐川町
韓竈神社
445
408
天台ヶ峰
490
479
22～23ジペへ
旅伏山、鼻高山、矢尾峠へ
天台ヶ峰南峰
480
4-6
樽戸峠
476
極楽山
0.25
0.30
400
分岐
天ヶ峰
458
中の小峰
0.30
0.35
鼻突峠
300
0.30
鈴谷峠
4-5
488
万ヶ丸山
0.30
1-7
0.25
0.20
急坂
大黒山
443
遥堪峠
4-4
三方界の石標
4-3
200
中国自然歩道
尾根の突き当たり。
右の踏跡に
入らないよう注意
262
出雲市
100
175
菱根上
431
7
4
3
松江へ
2
28
高浜川
3
276
3
3
一畑電鉄北松江線
浜山公園北口駅
遥堪駅
高浜駅へ
N
0
500m
1:25,000

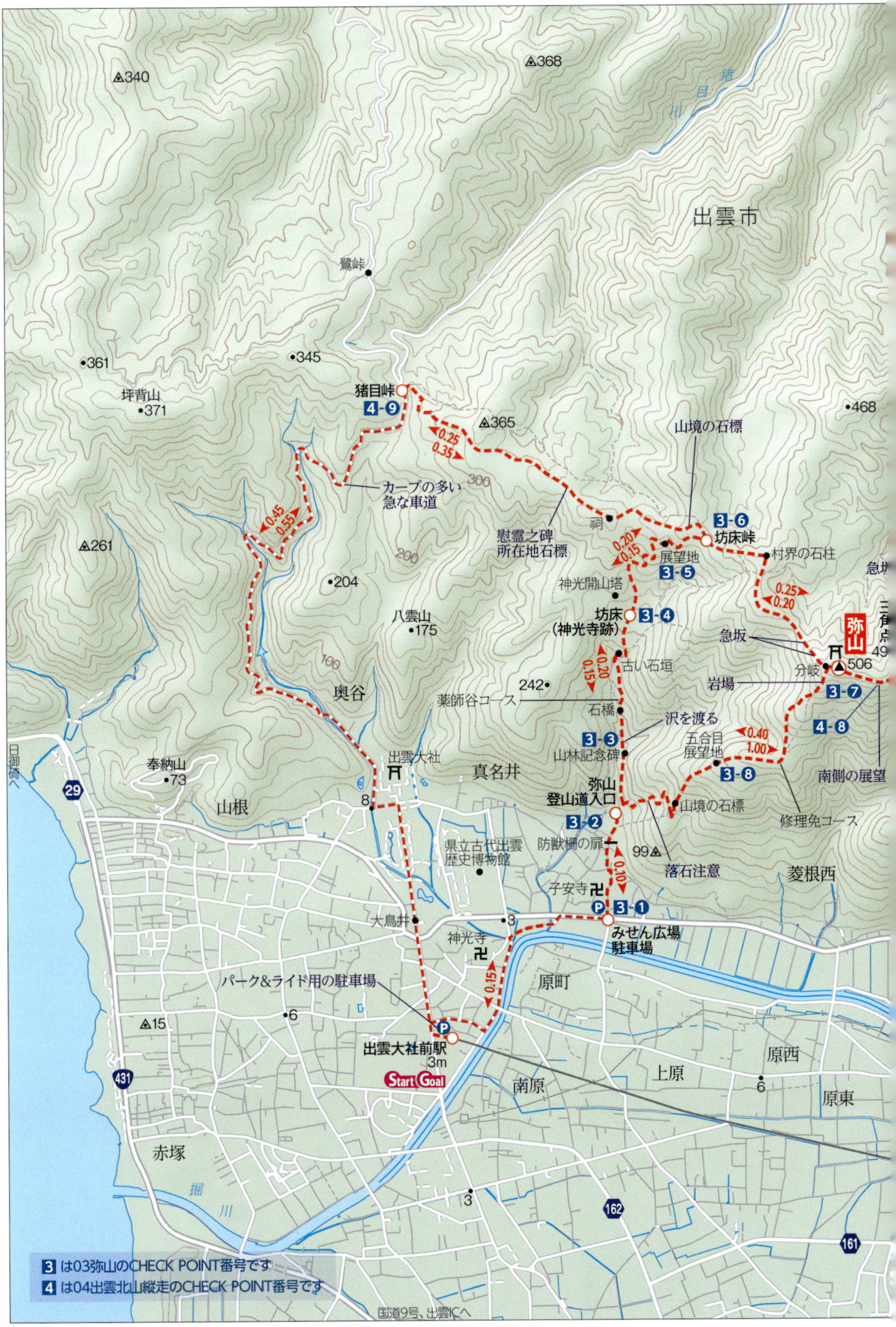

△340
△368
猪
目
川
出雲市
鷺峠
361
345
坪背山
371
猪目峠
4-9
△365
0.25
0.35
300
山境の石標
468
3-6
坊床峠
カーブの多い
急な車道
0.45
0.55
△261
慰霊之碑
所在地石標
祠
0.20
0.15
展望地
3-5
村界の石柱
200
204
神光開山塔
0.25
0.20
坊床
(神光寺跡)
3-4
八雲山
175
弥山
急坂
0.15
0.20
古い石垣
分岐
506
100
242
岩場
奥谷
薬師谷コース
3-7
石橋
沢を渡る
4-8
3-3
五合目
展望地
0.40
1.00
出雲大社
山林記念碑
3-8
真名井
南側の展望
日御碕へ
奉納山
73
弥山
登山道入口
29
8
山根
山境の石標
修理免コース
3-2
県立古代出雲
歴史博物館
防獣柵の扉
99△
落石注意
0.10
菱根西
子安寺
3-1
大鳥井
3
神光寺
みせん広場
駐車場
0.15
パーク&ライド用の駐車場
原町
△15
6
出雲大社前駅
3m
Start Goal
原西
上原
431
南原
6
原東
赤塚
掘
川
3
162
161
3 は03弥山のCHECK POINT番号です
4 は04出雲北山縦走のCHECK POINT番号です
国道9号、出雲ICへ

05

国引きの岬東端の山

馬着山

ばちゃくさん
210m

日帰り

歩行時間=2時間10分
歩行距離=6・9km

技術度

体力度

コース定数	=**12**
標高差	=210m
累積標高差	↗556m ↘556m

関の五本松公園から馬着山を見る

ツツジ咲く関の五本松公園から大山を遠望する

島根半島の東端には、美保《みほ》神社の境外末社、地《ち》の御前《ごぜん》、沖《おき》の御前が祀られ、拝殿となる鳥居の前からは沖の御前が海上のはるか先に望める。そのすぐそばにある灯台は山陰地方最古の石造り灯台で「世界の灯台百選」にも選ばれている美保関《みほのせき》灯台だ。馬着山はこの半島の東端から西に緩やかに尾根を連ねた先にあり、民謡「関の五本松」に歌われている五本松公園まで遊歩道が整備されている。

美保関バス停から海沿いの車道、しおかぜラインを美保関灯台まで歩いていく。美保湾をはさんで対岸に大山《だいせん》を眺めながら行くと地蔵崎園地の広い駐車場に着く。せっかくだから岬の東端にある**美保関灯台**と鳥居を登山の出発点としたい。

灯台を一周する歩道を歩いて、駐車場の西にある案内図の右から遊歩道に入る。樹林に囲まれた歩きやすい道をたどっていくと**あずまや**があり、樹間から五本松公園や境《さかい》水道、境港の街並み、そしてこの方向からも、中海《なかうみ》の向こうに寝仏のように見える嵩山《だけさん》と和久羅《わくら》山《さん》が眺められる。

樹林に囲まれたほぼ平坦な道を歩くと道標とベンチがあり、そのすぐ先で**馬着山**の頂上に着く。頂上らしくない頂上だが、その先のテーブルとベンチからは日本海が眺められる。

山頂からは、再び樹林帯の中に入り、緩やかな道から比較的急な坂道を下ると、祠の下で峠に着く。右手の切通が、かつて美保関港と才浦《さいのうら》を結ぶ要衝だったことを物語っている。

土留めの木階段を登っていき、御穂社《みほしゃ》をすぎて、いくつもの鳥居をくぐると、広々とした**五本松公園**に出る。5月初旬には公園の東側斜面に植えられているツツジが咲き、美保湾とその先に見える大山とのコントラストが鮮やかだ。

■鉄道・バス

往復・復路=JR山陰本線松江駅前から一畑バスで約45分、美保関バスターミナルで下車し、コミュニティバスに乗り換えて約30分で美保関バス停着。あるいは、JR境線境港駅からコミュニティバスで約10分、宇井渡船場で下車し、美保関バスターミナル発のコミュニティバスに乗り換えて約15分で美保関バス停着。バス停は美保関バス停のほかに、美保

CHECK POINT

岬の東端にある灯台と地の御前、沖の御前の鳥居

地蔵崎園地駐車場の西にある遊歩道入口

あずまやからは、五本松公園や境港の街並み、境水道、中海方面などが望める

美保関港と才浦を結ぶ峠の切通

尾根上に建つ御穂社。ここからいくつもの鳥居をくぐって五本松公園へ

広々とした五本松公園の園地にはりっぱなあずまやがある

加えて、漁船や隠《お》岐島《きのしま》に向かうフェリーの航跡がアクセントとなり、いつまでも眺めていたいような光景が広がっている。

下山は慰霊碑の横からツツジの斜面を歩き、コンクリートの道を道なりに下っていくと美保関の車道に下山できる。

神社入口バス停、五本松公園入口バス停がある。下山後すぐに帰路につく場合は五本松公園入口バス停が最も近い。

■マイカー
山陰自動車道松江JCTから松江だんだん道路に入り、川津ICで降りて国道431号を美保関・境港方面に走る。約18キロ先でまっすぐ県道2号に入り、海岸沿いを道なりに約7キロで美保関の街に着く。駐車場は五本松公園入口と美保関町商工会館の横に無料駐車場がある。地蔵崎園地にも広い無料駐車場がある。

■登山適期
通年登れるが、ツツジの花が咲く5月初旬ごろがおすすめ。

■アドバイス
▽マイカー利用の場合、行楽シーズンには街中の駐車場が満車になる場合もあるので、地蔵崎園地の駐車場を起点、終点としてもよい。
▽美保関には美保神社や青石畳通りなどの観光スポットもあるので、登山後にそれらを訪れるのもおすすめ。

■問合せ先
松江観光協会美保関町支部☎0852・73・9001、美保関コミュニティバス（松江市交通政策課）☎0852・55・5661、一畑バス☎0852・20・5205

■2万5000分ノ1地形図
美保関

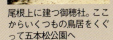

06 嵩山・和久羅山

寝仏の愛称で親しまれている市街地近郊の山

嵩山 だけさん 331m
和久羅山 わくらさん 262m

日帰り

歩行時間＝2時間35分
歩行距離＝7・8㎞

技術度
体力度

コース定数＝13
標高差＝317m
累積標高差 603m 614m

くにびき大橋から眺める嵩山と和久羅山

嵩山から中海と大山を遠望する

松江《まつえ》市街地から東方を眺めると特徴的な山容の山がある。古くから「寝仏」の愛称で親しまれていた山々で、その頭部が和久羅山、胸から胴体が嵩山だ。嵩山は『出《いず》雲《も》国風土記』に「布自枳美高山《ふじきみたけのやま》」と記され、奈良時代の狼煙山で、布自伎美《ふじきみ》神社が祀られている。和久羅山は戦国時代の山城で、いく段もの郭跡があり、急峻な切岸からも要害の趣が感じられる。嵩山へは鳥打《とりうち》峠、熊井《くまい》の滝、布自伎美神社参道からの3コース。和久羅山は南麓の和久羅山登山口と鳥打《とりうち》峠を結ぶコースがある。

あじさい団地入口バス停から信号を渡り、嵩山の標識にしたがって田園風景の中を進む。左から車道が合流して右に歩いていけば、**中組《なかぐみ》バス停**と道標がある。左の道に入り、ほどなく右手に見える鳥居に向かっていく。

鳥居から歴史が感じられる深く溝状になった参道に入り、ステップが刻まれたすべりやすい坂道を登れば平坦な道を歩くようになる。いく度かそれを繰り返すと、石灯籠だろうか、傍らに苔むした古い石材が転がっている。さらに登り、つづら折りをすぎれば鳥打峠からの登山道に**合流**する。

左に向かい、展望地をすぎると、まもなく前方に鳥居が見えてくる。熊井の滝コースが左から合流

■鉄道・バス
往路＝ＪＲ松江駅から松江市営バスで約30分、あじさい団地入口下車。復路＝女子高前バス停から松江市営バスに乗り約20分でＪＲ松江駅着。

■マイカー
松江だんだん道路の川津ICから1・5㌔で中組バス停だが、付近に駐車場はない。川津ICから中組バス停をすぎて鳥打峠駐車場まで約3㌔。10台の無料駐車場。下山地の和久羅山登山口駐車場へは松江だんだん道路西尾ICから約500㍍。約10台の無料駐車場。熊井の滝コース入口にも数台の駐車スペースがある。

■登山適期
通年登れる。初詣登山者も多く、和久羅山頂上の桜が咲くころやササユリの見られるころもよい。

■アドバイス
▽熊井の滝からのコースを登る場合は、滝付近と最初の尾根をすぎた谷筋の道が荒れている可能性がある。谷筋なのでルートを間違う可能性は低いが、このコースを歩く場合は夏草の茂っていない春先や晩秋のころが歩きやすいだろう。尾根に上がると道はしっかりしているのでほぼ快適に歩けて、鳥居の手前で主道に合流できる。

■問合せ先
島根県自然環境課☎0852・22・6172、松江市役所☎0852・

CHECK POINT

1
中組バス停と道標。ここを左に入ると鳥居が見えてくる

2
布自伎美神社参道入口の鳥居をくぐると溝状の道が続く

3
鳥打峠駐車場から登る道との分岐。ここから広い道を登っていく

4
嵩山頂上に祀られている布自伎美神社。右手の先に展望地がある

5
鳥打峠駐車場。嵩山へはここから往復する登山者が多い

6
竹林に囲まれた土橋とみられる廊下状の道は、和久羅山のポイント

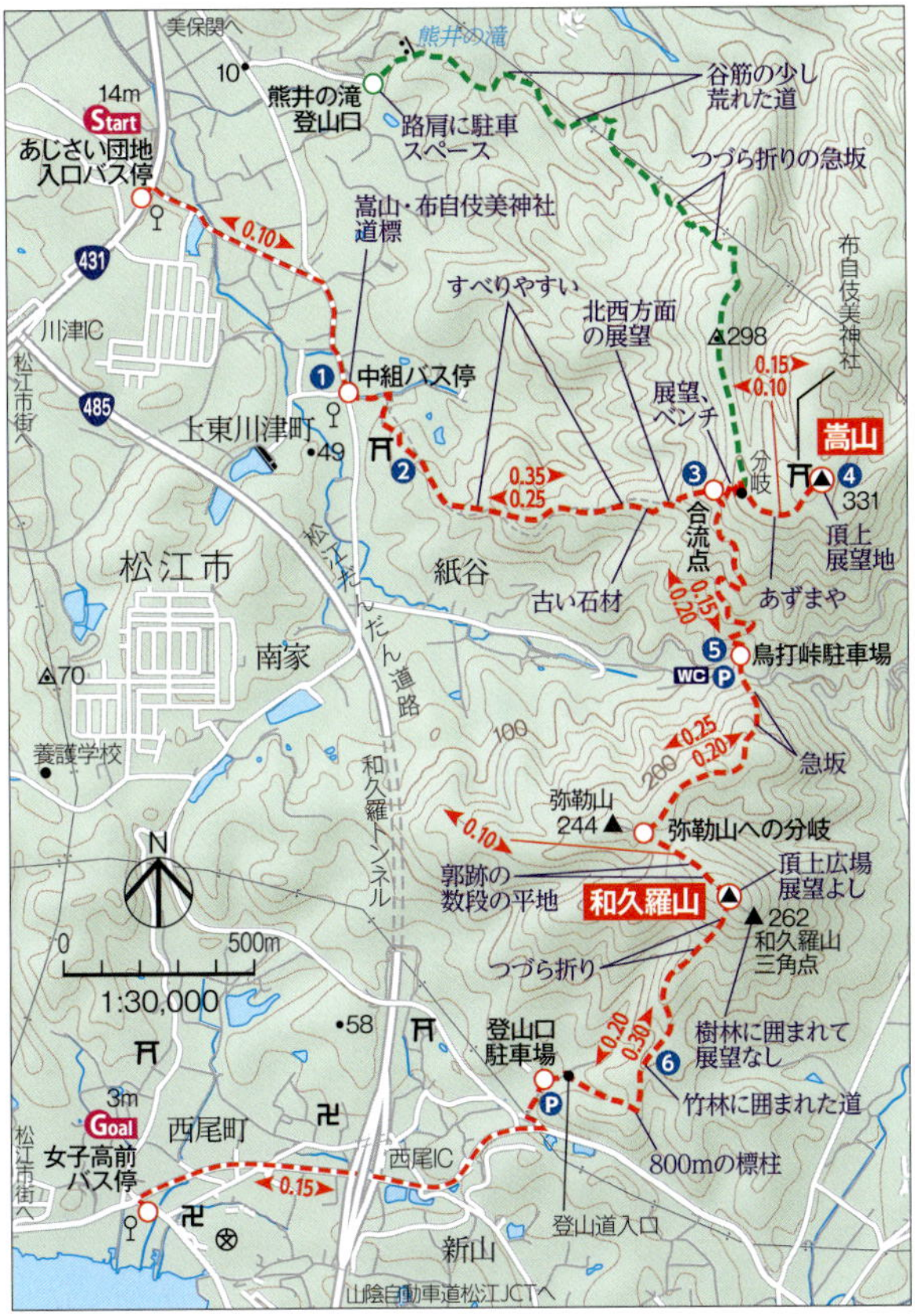

して、市街地の展望が望めるあずまやをすぎたら布自伎美神社があり、右手の先が**嵩山**山頂だ。大山《だいせん》方面を望むことができる展望地がある。

和久羅山へは鳥打峠からの分岐まで引き返し、そのまま広い道を下っていくと、ほどなく登山口の**鳥打峠駐車場**に着く。車道を少し上がると、右に和久羅山への登山道があり、ロープが設置された、ほぼまっすぐの急登が続く。

急坂を終え、緩やかに小さなピークをすぎると**弥勒山への分岐**で、左に行けば、いく段もの郭跡を林床に見て、**和久羅山**の頂上に着く。

頂上広場から展望を楽しんだら下山をはじめよう。市街地を見ながら堀切を下るとつづら折りが続く。頂上までの距離が書かれた標柱を見ながら尾根道をだどっていくと、竹林に囲まれた廊下状の道をすぎる。舗装道路に出たら、まもなく**登山口駐車場**に着く。あとは車道を**女子高前バス停**へ向かう。

55・5555、松江市交通局☎0852・60・1111
■**2万5000分ノ1地形図**
松江

07 松江北山の自然に触れられる貴重な存在の山

大平山
おおひらやま
503m

日帰り

歩行時間＝2時間5分
歩行距離＝6・1km

技術度
体力度

コース定数＝**12**

標高差＝422m

累積標高差 593m 593m

大平山頂上から宍道湖と松江市街地を見る

松江《まつえ》市街地の北方に連なる山々を通称「松江北山」とよんでいる。その最高点は三坂山《みさかやま》で標高536メートル、次いで澄水山《しんじさん》の504メートル、3番目に高いのが紹介する大平山だ。前記の2山は頂上が電波塔に占領され、東方の枕木山《まくらぎさん》からほぼ尾根通しに舗装道路がつけられているために、登山としての魅力には乏しい。一方、西端にある大平山は照葉樹や落葉樹林に覆われて心地よい山歩きが楽しめるため、松江北山の中では貴重な存在となっている。

上講武《かみこうぶ》入口バス停から進行方向に歩いていくと新道《しんどう》トンネルが見えてくる。**登山口**はトンネルの手前左側にあり、数台の駐車スペースと中国自然歩道の案内標識がある。道路の側壁に設けられている階段を上がり、フェンス沿いに進むと左の谷に入るようになる。杉の植林された谷筋から、つづら折りを繰り返していくと尾根沿いの道となり、溝状に窪んだ道からは、古くから多くの人々が行き交っていたことが感じられる。

緩やかに進むと、耳に届く音がトンネルを往来する車の音から、小鳥のさえずりや梢を渡る風に変わり、静かな山歩きが楽しめるようになる。

やがて左手に鹿島《かしま》町の田んぼや集落が望め、ほどなく**林道出合**に着く。ここから少しの間、林道に沿った緩やかな道を歩き、小さなコブをすぎると竹林に囲まれた道となる。心地よい道だが、竹林の中には立ち枯れや朽ちた倒木が見られ、竹林が少しずつ広がって、

■鉄道・バス
往路・復路＝松江駅から一畑バスのマリンゲート線で30分、上講武入口バス停下車。

■マイカー
山陰自動車道松江JCTから松江だんだん道路に入り、川津ICで降りて国道431号から県道21号を島根町方面に約6キロで新道トンネル手前の登山口に着く。登山口に3台程度の駐車スペースがある。

■登山適期
通年登れるが、夏季には草が茂っている場合がある。

■アドバイス
▽紹介コースは中国自然歩道のコースになっているので、道幅も広く、定期的に草刈りがされているが、夏草が茂る時期は足もとが見えにくい場合もある。
▽中国自然歩道は澄水山を経て枕木山まで設定されているが、アスファルト道が長くあまり快適とはいえない。大平山から枕木山へは約2時間の歩きで、縦走をする場合には枕木山駐車場などに車を回送しておく必要がある。枕木山駐車場へは川津ICから国道431号を美保関方面に約5キロ走り、枕木山の標識にしたがって県道252号に左折、道なりにカーブの多い道を約7キロ上がっていく。

■問合せ先
島根県自然環境課☎0852・22・

鹿島町講武地区から見上げる大平山

大平山頂上から日本海を見る

CHECK POINT

1 トンネル手前の登山口。ここから階段を上がっていく

2 溝状になっている道は古くから利用されていたことを物語っている

3 林道出合。林道へはまっすぐだが、頂上へは右に緩やかに登っていく

4 竹林に囲まれた道は心地よく歩けるが、竹害も懸念される

5 前衛ピークまで続く長い木段は、このコースのポイントとなる

6 大平山頂上からは日本海や宍道湖の展望が楽しめる

照葉樹や落葉樹の林を飲みこんでいっていることを物語っている。

竹林をすぎると、ほどなく長い木段が続くようになり、登りきればベンチのある前衛ピークに着く。ここから木段を少し下り、照葉樹と落葉樹の混在する林相を楽しみながら、いく度か短い木段をすぎて、長い木段を登れば**大平山**頂上に着く。北西に日本海を望み、南には宍道《しんじ》湖と松江市街地、中国山地の山々も遠望できる。

下山は往路をとる。

6172、一畑バス☎0852・20・5205

■2万5000分ノ1地形図　加賀

08 朝日山

『出雲国風土記』に記載されている古の峰

あさひさん

342m（1等三角点）

（最高点＝344m／西の峰）

日帰り

歩行時間＝1時間45分

歩行距離＝6・5km

技術度

体力度

コース定数＝**11**

標高差＝343m

累積標高差 ↗513m ↘513m

南麓の古墳の丘古曾志公園から見る朝日山

朝日山は古くからの良港、恵曇《えとも》港の南にあり、『出雲国風土記』では茶臼山《ちゃうすやま》、大船山《おおふなさん》、仏経山《ぶっきょうざん》とともに「神名火山《かんなびやま》」として崇められ、水上交通の目印とされていたと考えられている。頂上部にある古刹の金宝山朝日寺《きんぽうざんあさひ》は神亀年間に行基菩薩による開基と伝えられ、参道は南麓の長江《ながえ》から通じているが、標高200メートル付近まで車道が上がっているため、登山は北麓の恵曇から登る方が適している。

恵曇連絡所バス停から南に歩き、佐陀《さだ》川を渡って右折、100メートル先を左折して正面に朝日山を眺めながら進み、古浦《こうら》バス停をすぎてすぐに左手前方に向かう車道を行く。コミュニティバスの古浦海水浴場バス停をすぎて道なりに進むと、朝日山石段入口の標識が見えるので、その50メートルほど手前を小川沿いに行けば**登山口の駐車場**に着く。マイカーの場合は標識のところから入る。

トイレ横から幅の広いりっぱな石段をしばらく登ると登山道に変わる。断続的に続く土留めを兼ねた木階段を登り、傍らの古い石地蔵や**ベンチ**、成相寺《じょうそうじ》コースの分岐をすぎれば平坦な道となって西《にし》の峰《みね》との**分岐**に着く。

八十八箇所めぐりの石仏を右手に見ながら歩くと、すぐに木橋のかかる小さな切通をすぎて金宝山朝日寺の境内に入る。右に本堂を見て、分岐を左に鐘楼の横を登れば、あずまやをすぎて1等三角点のある**朝日山**山頂の東の峰頂上に着く。眼下に宍道湖《しんじ》が広がり、そ

■鉄道・バス

往路・復路＝松江駅前から一畑バス恵曇線で約50分、終点恵曇連絡所バス停下車。

■マイカー

松江市街地から鹿島方面へ県道37号を走り、本郷バス停の先を左折して佐陀川を渡る。道なりに進み、朝日山石段入口の標識を左折すると無料駐車場がある。

■登山適期

通年登れるが、朝日寺の境内が新緑に彩られる5月や紅葉に染まる11月下旬ごろが特におすすめ。盛夏は暑さ対策を忘れずに。

■アドバイス

▽バス利用の場合、登山口近くに一畑バスの古浦バス停や鹿島コミュニティバスのバス停があるが、便数が少なく、乗り継ぎがよくないので、漁港の街並みを楽しみながら登山口まで歩く方がよい。

▽下山は朝日寺の前から正面の参道を下り、田園風景を楽しみながら車道を約4キロ歩いて一畑電車の長江駅まで向かうのも一考。

▽朝日寺境内にある休憩所には自由に利用できるお湯や湯呑み、お茶などが置かれていて、お寺の心遣いがうかがえる。

■問合せ先

島根県自然環境課☎0852・22・6172、朝日寺☎0852・36・

の下流に松江《まつえ》の市街地、遠望に大《だい》山《せん》が望める。北に向けば恵曇港、そして見通しのいい日には隠岐島《おきのしま》が水平線に浮かんで見える。

西の峰へは鐘楼から切通の木橋を渡り、八十八箇所めぐりの石仏の並ぶ道を歩き、尾根道をたどればコンクリートのテラスがある朝日山の最高点、**西の峰**頂上に着く。

下山は四十七番石仏から左の道に入り、石仏の並ぶ道を下れば**分岐**に着き、左へ往路を下る。

8874、一畑バス☎0852・20・5205

■2万5000分ノ1地形図

恵曇

東の峰頂上から恵曇港と日本海を見下ろす

東の峰頂上から宍道湖、松江市街地、大山を遠望

CHECK POINT

登山口駐車場。トイレの前から広い階段を登る

▼

階段を上がりきると登山道に変わる。西側には広場がある

▼

ベンチのある休憩ポイント。この先で北東に展望が広がる

▼

展望のよい1等三角点のある朝日山頂上(東の峰)

▼

八十八箇所めぐりの四十七番石仏の横から西の峰へ

▼

テラスのある西の峰からの展望もよい

09

京羅木山

きょうらぎさん
473m

月山富田城を見下ろす布陣の山

日帰り

歩行時間＝2時間
歩行距離＝8・7km

技術度

体力度

コース定数＝**12**	
標高差＝408m	
累積標高差	↗585m ↘585m

展望のいい京羅木山頂上

京羅木山頂上から見下ろす月山富田城跡

松江市と安来《やすぎ》市の境にある京羅木山は、『出雲国風土記』には「高《たか》野山《のやま》」と記され、南北朝時代以降、たびたび陣が置かれたといわれる山城跡だ。展望もよく、宍道《しんじ》湖や中海《なかうみ》、大山《だいせん》はもとより、南東の眼下には飯梨《いいなし》川をはさんで、尼子氏居城の月山富田《がっさんとだ》城も見下ろせ、約450年前に大内義隆や毛利元就も見たと思われる景色が眺められる。

おちらと村から橋を渡り、道標にしたがって谷沿いの車道をまっすぐ歩いていくと、左に上がる道がある。古くからの参道らしく、石段は角が丸くなり、時の流れを感じさせてくれる。

さらに深く掘れこんだ道を進み、干し柿で有名な畑《はた》地区への分岐をすぎると富《ふ》士《じ》ヶ瀬《せ》公園の広いキャンプ場に出る。その先で右に金刀比羅宮の参道を行くと、大きな狛犬のある山門をすぎて**金刀比羅宮**社殿に着く。

社殿の右から登山道に入る。ほどなく車道に出合い、車道を右に上がっていくが、車の通らない道は落葉や腐葉土に覆われている。かつて照り返しのきつかったコンクリート舗装も苔むして、靴底に伝わる感触も心地よい遊歩道となっている。

沿道に祀られている地蔵や樹林を楽しみながら登っていくと、いくつかの枝道が右から合流して階段の下に着く。この階段を登りきると展望が広がる**京羅木山**頂上だ。平和観音像が迎えてくれる。

■**鉄道・バス**
往路・復路＝JR山陰本線揖屋駅から東出雲コミュニティバス上意東線で上意東研修センター下車だが、日曜・祝日は運休。便数も少ないので要確認。

■**マイカー**
山陰自動車道東出雲ICから国道9号を東に約2㌔走り、県道324号に右折して約3㌔でおちらと村に着く。

■**登山適期**
通年登れる。

■**アドバイス**
▽下山路のアスファルト道から右側の谷を少し入ったところに、誰が名づけたのか「パワーの木」と称する岩の間から成長した木がある。
▽この地域は干し柿の産地なので10月下旬から11月上旬ころに登山する

頂上からはトイレと小屋の前を通り、城跡の遺構を探りながらしばらく下っていく。登ってきた道と比べると心細く感じる道だが、ところどころにある標識に導かれて進むと竹林に入り、両側に数段の平地が見えて、かつて茶屋があったという**広瀬越**《ひろせごえ》の峠に着く。尾根をまっすぐたどれば星上山《ほしかみさん》への縦走路だが、ここでは右に山口谷《やまぐちだに》コースを下る。竹林を抜けると、すぐに古い林道に出るので、道なりにしばらく下れば延命地蔵尊への**分岐**に着く。轍道を右に行けば集落に入り、中組集会所の前を右に折れる。山里の景色を楽しみながら歩けば、起点とした**おちらと村**に帰着する。

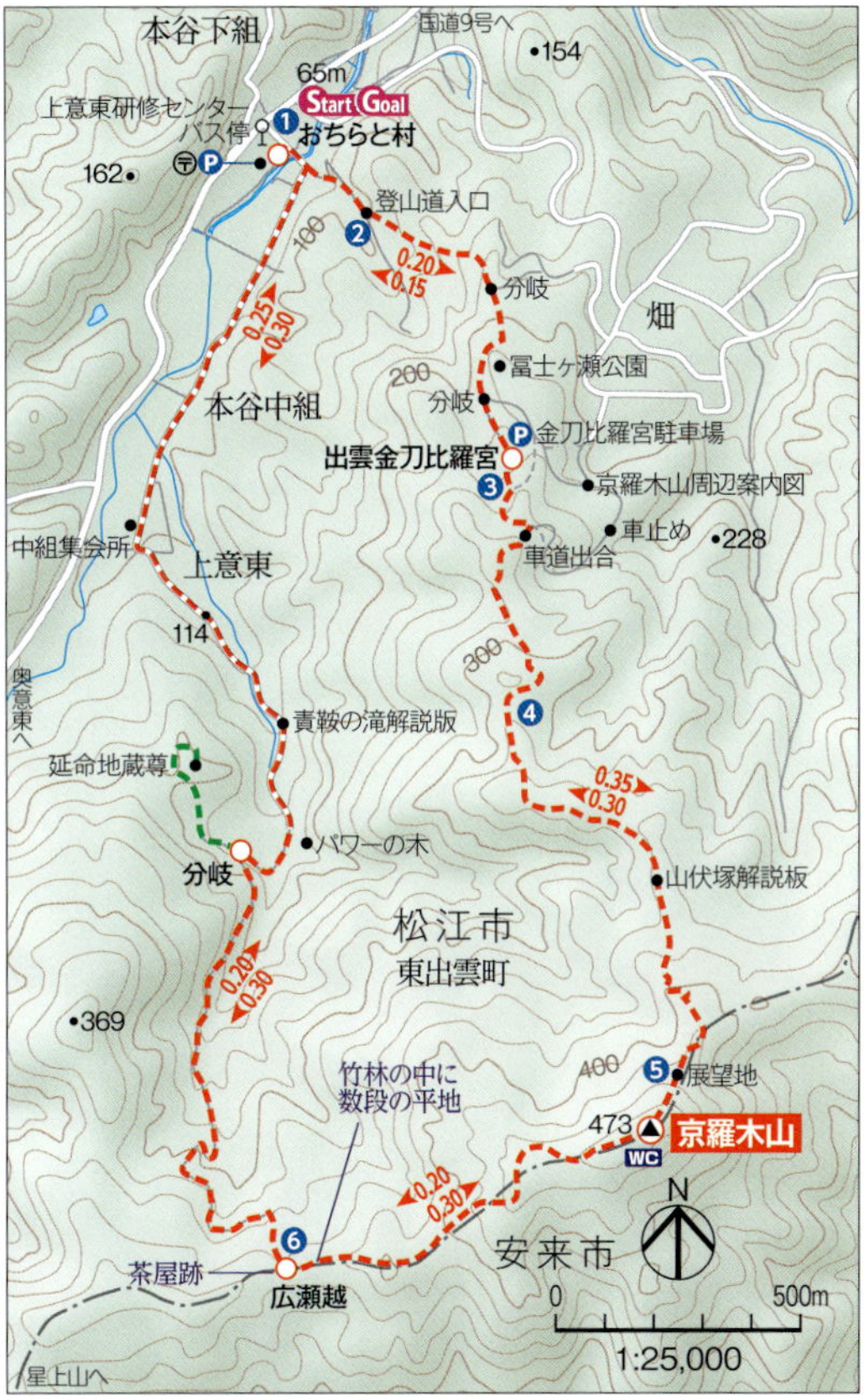

場合は、畑地区を訪れると柿小屋に吊るされている干し柿の風景を見ることができる。

▽延命地蔵尊は、小さな丘の上にある蓮花大堂に祀られている。安産、壮健、長寿、聡明などの御利益があり、かつては多くの参拝者があったという。

歴史が感じられる金毘羅宮の参道

■**問合せ先**
上意東公民館☎0852・52・2870、松江市役所歴史まちづくり部交通政策課☎0852・55・5661、おちらと村☎0852・52・7888

■**2万5000分ノ1地形図**
広瀬

CHECK POINT

1 登山起点となるおちらと村。この道をまっすぐ進む

▼

2 角の丸くなった金刀比羅宮の参道階段を登っていく

▼

3 金刀比羅宮の本殿の右にある道標にしたがって山道に入る

▼

4 落葉や腐葉土の積もった快適な遊歩道状の車道を行く

▼

5 車道の終点。左に展望が広がり、階段を上がって頂上へ

▼

6 広瀬越の峠。竹林の林床には数段の平地がある

10 古の廃寺跡から展望の頂を縦走する

独松山

どくしょうざん
321m

日帰り

歩行時間＝2時間20分
歩行距離＝6・9㎞

技術度
体力度

コース定数＝10
標高差＝301m
累積標高差 ↗399m ↘399m

田園風景の先に望む独松山

高盛山から大山を望む

尼子氏の居城、月山富田《がっさんとだ》城を南に見る独松山は、富田城を守る砦として重要な存在で、頂上は東から高盛山《たかもりやま》、中《なか》高盛山、独松山と緩やかに連なり、西端にある鐘撞堂跡は富田城との通信に利用されていたという。かつて横手《よこて》の山間には観音寺《かんのんじ》があり、昭和20年代ごろまでは巡礼者も絶えなかったと地元の初老は語る。その参道にはいく体もの地蔵や灯篭、参道の縁石と思われる石材などが半ば埋もれて散在し、往時の繁栄ぶりを感じとることができる。その面影を探りながら高盛山と独松山をめぐるコースを紹介したい。

吉田《よしだ》交流センターから県道257号を安来《やすぎ》方面に歩くと「高盛山登山口」の小さな道標がある。それにしたがって民家の左下から谷あいに続く道に入る。夏草の茂っている時期だと少しわかりにくい場合もあるが、谷の右側をたどれば、右の植林地に上がる道が確認できる。ここからは下草の少ない道が続き、

■鉄道・バス
往路＝JR山陰本線安来駅から約30分で吉田交流センター前下車。
復路＝別所入口バス停から約30分で安来駅着。いずれも安来市広域生活バス、安来吉田線を利用するが、便数が少ないので要確認。

■マイカー
山陰自動車道安来ICから県道334号、県道9号、県道257号経由で吉田交流センターまで約9㌔。交流センターの駐車場を利用できるが、受付にひと声かけること。

■登山適期
通年登られているが、コバノミツバツツジの咲く4月中旬ごろがおすすめ。

■アドバイス
▽紹介コースの登山口道標から県道を約200㍍先に進むと登山案内図があり、ここが観音寺参道の入口となる。一丁地蔵のある分岐まで参道の面影をたどるならこちらがよく、最初の分岐を左へとり、次は右へ、その先でまっすぐ左に続く道をたどると祠をすぎて分岐に合流できる。
▽観音寺の本尊である十一面観音像は月山の麓、巌倉寺に保管されている。

■問合せ先
吉田交流センター☎0854・27・0325、広瀬交流センター☎0854・32・4138、安来市観光協

ほどなく**一丁《いっちょう》地蔵《じぞう》**のある分岐に着く。分岐を左に進むと古い六地蔵と、周辺にいく体もの地蔵が落葉に埋もれている。六地蔵には「宝永六年」の刻字が確認できる。

観音寺跡、祠跡をすぎると、暗かった林も小径木に囲まれた明るい道となる。やがて穴観音への分岐をすぎ、右手に展望を見て、頭上に空が広がるようになれば**高盛山**の頂上に着く。

大山《だいせん》や中海《なかうみ》などの展望がきく頂上から道標にしたがって尾根道に入る。飯生《いなり》からの分岐を2箇所すぎると左に上がる分岐がある。まっすぐ行ってもよいが、左の道のすぐ先に大山の展望地があり、尾根沿いに進むと中高盛山を経て前記の分岐の道に合流する。さらに尾根道を歩けば鐘尾《かねお》峠に向かう道を左に見て、郭跡と思われるいく段かの平地をすぎれば**独松山**の頂上だ。さらに西にたどれば鐘撞堂跡があり、木立の間から月山が望める。

下山は、鐘撞堂跡から少し引き返して右に下っていくと分岐に合流し、右手に向かえば**鐘尾峠**に着く。道標にしたがって左に**別所《べっしょ》登山口**へ下り、のどかな山里の景色を楽しみながら**吉田交流センター**へ帰着する。

CHECK POINT

1 民家の下にある登山道入口の小さな道標。ここから民家の左側の道を入る

2 観音寺の参道にある六地蔵には宝永六年の刻字があり、周辺に多くの地蔵がある

3 穴観音。尼子と毛利の戦いの折に十一面観音をここに移して消失を免れたという

4 展望のいい高盛山頂上には神域がある

5 鐘尾峠には尼子古道の面影を感じさせる小さな地蔵が祀られている

6 別所登山口。ここから谷あいの休耕田に沿って下っていく

会☎0854・23・7667、安来市広域生活バス（安来市地域振興課）☎0854・23・3069
■2万5000分ノ1地形図
広瀬

11 難攻不落の山城に往時の面影を探る

月山

がっさん 184m

日帰り

歩行時間＝1時間40分
歩行距離＝4・5㎞

技術度

体力度

コース定数＝7

標高差＝160m

累積標高差 285m 285m

標高が低く物足りない感じのする山だが、戦国時代・尼子氏歴代の本城で、「日本五大山城」にも選ばれている月山富田《とだ》城があったことからすれば、充分すぎるほどの魅力を有す山だろう。近年、城跡本来の景観を復元するために整備が進められ、築城当時のイメージに近づけるよう、麓からも城跡の全容が見えるようになっている。日本遺産「出雲国たたら風土記」の構成文化財としても認定された史跡だ。

道の駅「広瀬《ひろせ》・富田城」から建物の左を山に向かい、道なりに登ると山中鹿之助像のある太鼓壇《たいこだん》に出る。ここから**花の壇の道標**にしたがっていくと、前方に侍所の復元建物があり、その上に急峻な山肌の三ノ丸と二ノ丸跡が見える。

建物の手前から下りて左に向かえば、ほどなく「山中御殿《さんちゅうごてん》」とよばれた建物のあった広場に着く。解説板のところから階段を上がると本丸へ続く道となり、親子観音で左から軍用道コースが合流して、つづら折りに登っていく。七曲りとよばれる軍用道で、樹林に覆われていたころはわからなかったが、上から下まで見通せるため、この道から攻めこむことは相当難しそうだ。中腹あたりにある山吹井戸をすぎれば三ノ丸跡に着く。眼下に山中御殿跡の広場や、飯梨川《いいなし》をはさんで京羅木《きょうらぎ》山《さん》、下流に広々とした能義《のぎ》平野の先に中海《なかうみ》が望める。この一段上が**二ノ丸跡**で、鳥居と休憩所がある。

本丸へは堀切に下って登り返すが、随所に守りの構造が施されていたことがよくわかる。**本丸**の最奥には尼子時代の守り神、勝日高《かつひたか》守《もり》神社が祀られている。

下山は神社手前から南西に下る。昔ながらの道を下ると、鳥居をくぐり、ステップが刻まれたすべりやすい地山の道をすぎれば、墓地の前を通って**登山口**のアスファルト道に出る。里の景色を楽しみながら川沿いに下ると、**塩谷口《しおたにぐち》**

■**鉄道・バス**
往路・復路＝JR安来駅から広域生活バス（イエローバス）の観光ループ線、外回り約55分、内回り約40分で月山入口バス停下車。便数が少ないので要確認。

■**マイカー**
山陰自動車道安来ICから県道334号、県道45号経由約10㌔で道の駅「広瀬・富田城」に着く。

■**登山適期**
通年登れる。

■**アドバイス**
▽起点の道の駅から山中御殿跡までいくつかのコース設定ができる。時間的にはさほどの違いはないので、案内図を頼りに思い思いに設定したい。歩行時間も短いので、史跡のポイントごとに充分時間を使うとよい。
▽下山路は築城当時の道ではなく、のちに築かれた道と考えられ、途中の鳥居には明治10年と刻まれている。

■**問合せ先**
広瀬交流センター☎0854・32・4138、安来市観光協会☎0854・23・7667、安来市広域生活バス（イエローバス）☎0854・23・3069

■**2万5000分ノ1地形図**
広瀬

広瀬の街並みと月山

入口の道標がある。右の道に入り、民家をすぎて谷あいの山道を登り、城壁の石垣を見たら山中御殿の下に出て、左に車道を下っていくと出発点の道の駅に帰着できる。

CHECK POINT

1

太鼓壇に立つ山中鹿之助像。周辺にも見どころは多い

2

山中御殿跡から石段を上がっていく

3

軍用道と合流するところに祀られている親子観音

4

休憩所のある二ノ丸。三角点は二ノ丸の鳥居近くにある

5

地山に削られているステップ

6

川沿いの塩谷口入口から谷あいをたどって山中御殿下へ

七曲りの急坂と広瀬の市街地を見下ろす

花の壇から見上げる三の丸

社日山から麓の田園風景を見る

12 比婆山

イザナミノミコトが眠る史跡の山

ひばやま 285m

日帰り

歩行時間＝1時間15分
歩行距離＝4・0km

技術度
体力度

コース定数	＝6
標高差	＝220m
累積標高差	290m 290m

比婆山といえば広島県の比婆山連峰が知名度は高いが、安来《やすぎ》市伯《はく》太《た》町にある比婆山も『古事記』に記載されているイザナミノミコトの葬られた場所として伝えられている。頂上部には御陵《ごりょう》や比婆山久《く》米《め》神社の奥宮など多くの史跡と、この地ではじめて発見された陰陽竹があり、低山ながらも神秘性に富んだ山だ。横屋《よこや》参道、峠之内《たわのうち》参道、清水掻《こりかき》参道の3コースがあるが、横屋参道から登って清水掻参道を下るルートを紹介しよう。

比婆山入口の**駐車場**から橋を渡り、比婆山久米神社里宮に参拝したら境内左端にある参道に入る。すぐに左下に川面を見て進むと、ほどなく深くつづら折りとなり、

比婆山久米神社奥宮と御陵

深い溝状になった道

■鉄道・バス
往路・復路＝JR山陰本線安来駅から約40分で横屋バス停下車。安来市広域生活バスの安来伯太線が利用できるが、便数が少ないので要確認。

■マイカー
山陰自動車道安来ICから県道9号経由で比婆山横屋登山口駐車場まで約15キロ。6台程度の無料駐車場がある。

■登山適期
3～12月上旬ごろ。

■アドバイス
▽奥宮手前の鞍部、峠之内方面には、ちんちん井戸や金剛坊、神主屋敷跡など、神仏混合の史跡が数多くあって、比婆山探索のポイントとなっている。
▽このあたり一帯には竹とササの特徴を備えた天然記念物の陰陽竹が自生している。陰陽竹は比婆笹ともよばれ、1941年にこの地で発見されたことから、学名はHibano-bambusatranquillansとヒバの名前がつけられている。
▽展望は社日山と奥宮から樹間越しに少し見える程度なので、史跡の探索を終えたらあずまやのある社祠峰ですごすのがおすすめ。
▽峠之内参道は、県道9号にある道標から民家を抜け、谷間の舗装道路を上がっていくと砂防堰堤に着く。ここから登山道に変わり、道なりに登れば奥宮手前の鞍部に着く。

掘れこんだ溝状の道に変わる。古くから歩かれてきた山道は、雨降りのたびに表土が流されて溝状になることがあるが、この道の深さには目を見張るものがある。参道を整備した折りにかなり掘りこみ、歳月の中で表土が流されて今のような道になったのだろう。ところどころに道より少し高い位置に水抜き溝があるので、道が少しずつ削られてきたことがわかる。

そんな想像をしながら登っていくと分岐があり、右上が展望地となっている社日山《しゃにちやま》だ。その先で土橋をすぎると、大きな石が道の真ん中にある。杉林に入り、土留めの階段を登ると、左に玉抱《たまかかえ》石《いし》への標識がある。その先で大鳥居をくぐったら広々とした社祠峰《しゃしみね》で、本社跡や拝殿跡などと、あずまやがある。

続く鞍部で左から峠之内参道が出合い、前方に比婆山久米神社の社殿が見えてくる。**比婆山**山頂にあたる社殿の裏ではイザナミノミコトの御陵とされる円丘を見ることができる。

下山は尼子道の道標にしたがい、社殿の前から広い道を下る。尾根を回りこむと左手の谷間に棚田跡が見られ、沢を左に渡り荒れぎみの沢道を下っていくと**清水掻コース登山口の駐車場**だ。あとは車道をたどり、右に行くと起点とした**横屋参道入口駐車場**に着く。

■問合せ先
安来市観光協会☎0854・23・7667、安来市広域生活バス☎0854・23・3069
■2万5000分ノ1地形図
布部

CHECK POINT

1 橋を渡ると左に里宮があり、境内左から横屋参道に入る

2 社日山展望地は紹介コースの中で唯一の展望が得られる場所

3 玉のような穴が開いている玉抱石は霊石とされ、子宝に恵まれるとされる

4 広々とした社祠峰には、あずまやもあり、絶好の休憩ポイント

5 頂上部に自生するササと竹の特徴をもった陰陽竹

6 荒れ気味の沢道を下っていくと広い清水掻参道登山口の駐車場に出る

13

和歌発祥の地の山を歩く
八雲山

やくもやま
424m

日帰り

歩行時間＝1時間50分
歩行距離＝6・0km

技術度

体力度

コース定数＝9	
標高差＝279m	
累積標高差	↗ 382m
	↘ 456m

八雲町から見上げる八雲山

北東麓に出雲国一《いずものくにいち》の宮《みや》として古くから信仰を集めている熊野大《くまのたい》社《しゃ》、南西麓に日本初乃宮で、和歌発祥の地といわれている須我《すが》神社が祀られ、八雲山はほぼその中間に位置している。最近、頂上西側に茂っていた竹林が伐採されて、大山《だいせん》に加えて三瓶山《さんべさん》も望めるようになった。須我神社から頂上を目指し、熊野大社へ下山するコースを紹介しよう。

須賀バス停から須我神社に立ち寄り、神社の左から車道を歩く。奥宮の案内標識にしたがって右に折れ、坂道を越えると正面に八雲山の頂上部が望める。その先にある十字路を左にとり、山里の景色を楽しみながら上がると緩やかな車道を歩くようになる。右手には里山の山並みと山肌に沿った民家が眺められ、その先の分岐をまっすぐ行けば**登山口**に着く。車利用の場合はここに駐車スペースがある。

和歌発祥の地とされているだけに、登山道は「文学碑の径」とされ、和歌の刻まれた石碑が沿道に並んでいる。すぐに禊場をすぎて谷沿いの道を登っていく。鳥居をくぐると夫婦岩へ続く階段が神聖なたたずまいを見せ、その頂点に須我神社奥宮の夫婦岩《めおといわ》が祀られている。

登山道は神域を汚さないようにとの配慮か、ここから左にそれた尾根道を登るようになる。石碑に刻まれた和歌を詠みながら登ると竹林に変わり、ピークを越えて分岐のある鞍部から登り返せばすぐに展望のいい**八雲山**頂上に着く。

下山は社務所の前を下る。まもなく**分岐**があり、左に向かえばすぐに駐車場だが、ここでは右の八雲町へと下っていく。この道は利用者も少なく荒れていたが、近年再整備がされて歩きやすくなっている。萱野《かやの》に抜ける分岐を右に下り、棚田跡を左に見ながら下ると猪柵の門扉がある。ここから人里

八雲山頂上の広場から天狗山を見る

■鉄道・バス

往路＝松江駅から一畑バスの大東線に乗り約35分で須賀バス停下車。

復路＝熊野大社前バス停から八雲コミュニティバスに乗り約10分で八雲バスターミナル。松江しんじ湖温泉行きの一畑バスに乗り換え約20分で松江駅着。

■マイカー

に入り、民家の裏手を下れば、ほどなく駐車スペースがある**岩室登山口**に着く。あとは山里の景色を楽しみながら車道を下り、**八雲山案内標識**のある県道に出て、左に向かえば**熊野大社バス停**だ。近くに熊野大社と八雲温泉があるので立ち寄るとよい。

CHECK POINT

1 日本初乃宮の須我神社で、参拝をすませたら左の道を歩いていく

2 奥宮の夫婦岩への参道ともなっている登山道入口

3 神聖なたたずまいの参道。この上に夫婦岩がある

4 和歌の刻まれた石碑が並ぶ登山道

5 頂上から下るとすぐに分岐があり、道標にしたがって八雲町方面に下っていく

6 この扉を開けて集落に入るが、通過したら必ず閉めること

山陰自動車道松江西ICから県道24号を大東方面に走り、松江市と雲南市の境となる才の峠を越えて下ると須我神社がある。その入口を夫婦岩の標識にしたがうと登山口に着く。下山口とする岩室へ車を回送する場合は登山口前の車道をそのまま走り、狭い農道を抜ければ八雲町熊野の県道53号に出て、左に向かい、岩室、八雲山登山道入口の看板にしたがう。

■登山適期

通年登れるが、アスファルト道を歩く距離が長いので、盛夏は避けた方が無難。

■アドバイス

▽大本教の聖地となっている八雲山は中世の高津場番城跡で、頂上部に広い平坦地と数段の郭跡がある。

▽社務所から分岐の間の登山道横に階段状の平地が確認できるが、城跡遺溝か耕地跡なのか、なんの用途で築かれたかは不明。

▽八雲温泉ゆうあい熊野館で日帰り入浴が可能。

■問合せ先

松江市役所八雲支所地域振興課☎0852・55・5760、雲南市観光振興課☎0854・40・1054、一畑バス☎0852・20・5205、ゆうあい熊野館☎0852・54・0140

■2万5000分ノ1地形図

玉造

14

不思議な遺構が残る神域の山

天狗山（松江市）

てんぐやま 610m

日帰り

歩行時間＝2時間40分
歩行距離＝9・8km

技術度

体力度

コース定数＝15	
標高差＝520m	
累積標高差	↗692m ↘711m

『出雲国風土記』には「熊野山には熊野大神の社が鎮座して居られる」とある。「熊野山」とは「天狗山」のことで、頂上近くにある磐《いわ》座《くら》が風土記に記載されている元宮といわれ、県道沿いには「天宮山《てんぐうさん》参道入口」の案内看板があることから、熊野大社が里に遷されたのちでも神域として崇められてきたことがわかる。磐座を仰ぐ斎場跡の元宮平《げんぐがなり》では、毎年5月第4日曜に山開きを兼ねた元宮祭が行われている。

岩室入口バス停から少し車道を北に引き返すと、「天宮山参道入口」の大きな案内看板がある。案内にしたがって車道を東に入り、要所にある天狗山登山道入口の道標にしたがって進むと、最終民家をすぎてまもなく**天宮山駐車場**に着く。車の場合はここを起点にできるが、ここまでの車道は狭いので注意が必要だ。

谷間に続く轍道を行くと、やがて谷川を左に渡り、熊野林道を歩くようになる。掘割から大きく迂回するように林道を進み、右下に見える若松谷と出合ったところが**登山道入口**だ。

沢沿いの道に入り、急坂を越えると山肌から湧き出ている意宇《いう》の源《みなもと》の水場がある。その先には炭焼窯跡があり、杉の植林地から雑木林に変わると、つづら折りをすぎ

棚田と天狗山を遠望する

■鉄道・バス

往路＝JR松江駅前から八雲車庫行き一畑バスに乗り約20分で八雲バスターミナル下車、八雲コミュニティバスに乗り換えて約10分で岩室入口バス停下車。

復路＝熊野大社前バス停から八雲コミュニティバスに乗り約10分で八雲バスターミナル。ターミナルで松江しんじ湖温泉行き一畑バスに乗り換え約20分で松江駅着。

■マイカー

山陰自動車道東出雲ICから県道53号を約10キロ走ると熊野大社をすぎてまもなく左手に「天宮山参道入口」の案内看板がある。それにしたがって左折して要所にある標識にしたがえば天宮山駐車場に着くが、道が狭く駐車場手前は未舗装となっている。

■登山適期

通年登れるが、天狗山のポイントとなる不思議な構築物の観察をメインとするなら芽吹き前の3月中旬から4月ごろ。

石垣の積まれた不思議な構築物

■アドバイス

▽天狗山は昔、「熊野山」「熊成峰」

CHECK POINT

天狗山の入口に立つ看板にしたがって歩いていく

▼

熊野林道と若松谷が出合うところが天狗山登山道入口だ

▼

山肌から湧き出ている意宇の源

▼

ゴーロ状の斜面に築かれている不思議な構築物

▼

元宮平とよばれる斎場跡。その上方には注連縄をかけられた磐座がある

▼

ブナの木が立つ天狗山頂上からは北東に展望が広がる

て山肌を右にトラバース気味に上がるようになる。

まもなくいくつかの石垣が見られる**不思議な構築物**に着く。ゴーロ状の斜面に築かれている石垣は、その中に窪みがつくられている。護摩壇あるいは清め水を貯めた場所などではないか、との説があるそうだが、いずれも想像の域をでない。何の目的でいつごろ築かれたものなのか、想像をめぐらせながら登っていくと夏緑林に囲まれた尾根から杉林を抜け、元宮平の斎場跡に着く。石組の祭壇の先には磐座があり、神聖な雰囲気を醸し出している。

頂上へは右から主尾根に上がり、夏緑林に囲まれた尾根をたどるとほどなくブナの木が立つ**天狗山**頂上に着く。

下山は往路を引き返し、熊野大社に参拝して帰ろう。

「天宮山」とよばれていたことから、県道入口および駐車場には「天宮山」と表記されている。
▽車の場合、狭い道の運転に不安のある場合は熊野大社の駐車場か髭が滝の駐車場を起点としてもよい。
▽頂上から大出日山へ縦走もできるが、やぶこぎを強いられることも多い。
▽八雲温泉ゆうあい熊野館で日帰り入浴が可能。

■**問合せ先**
松江市役所八雲支所地域振興課☎0852・55・5760、熊野大社☎0852・54・0087、一畑バス☎0852・20・5205、ゆうあい熊野館☎0852・54・0140

■**2万5000分ノ1地形図**
玉造

15

11月3日に登山会が行われる展望の山

大出日山

おおしびさん
602m

日帰り

歩行時間＝1時間45分
歩行距離＝5・4km

技術度

体力度

コース定数＝11	
標高差＝407m	
累積標高差	↗545m ↘545m

大出日山は2003年に地元有志によって登山道が整備され、以来毎年11月3日を「大出日山登山の日」として地元自治会主催による登山会が行われている。

←登山口付近の高台から眺める大出日山

←展望の広がる大出日山頂上

登山口には大きな経路案内図があり、第一駐車場のほかに第二駐車場、最終駐車場の記載があるが、第二駐車場までの道は狭く急なので、第一駐車場を利用した方が無難だ。**第一駐車場**に設定されている案内図周辺に車を停めて、谷あいに続くアスファルト道を歩いていく。民家や棚田、畑など、山里の景色を楽しみながら進むと、前方に大出日山の頂上部が望めるようになる。

やがて最終民家をすぎ、狭く急な道を歩いていくと、ほどなく**第二駐車場**とされている広場に着く。ここが登山道起点となっていて、かつての営林作業の道を利用した登山道を行く。大きくつづら折りを描き、二合目の標柱をすぎて山肌に沿った道を歩いていくと最終駐車場に着く。ただし、ここまで車を上げるにはかなり無理があるだろう。

ここからも大きくつづら折りで登り、作業道の面影を感じながら進むと分岐がある。右カーブする下の道が作業道で、上の道が登山道だ。道標にしたがい上の道をとると、ほどなく**六合目の標柱**があり、つづら折りを繰り返しながら「百年かずら」「壱千年栗」などの愛称がつけられた樹や樹間からの

■鉄道・バス
往路・復路＝登山口に雲南市民バスの引那岐公会所バス停があるが、登山に利用できるバス便はない。
■マイカー
山陰自動車道松江西ICから県道24号を大東方面に約13㌔走り、県道53号を東出雲・奥出雲方面に左折。約3㌔先にある大出日山の案内標識にしたがって右折すると登山口。経路案内図近くに数台の無料駐車スペースがある。
■登山適期

CHECK POINT

登山口にある案内図。車はこのそばの駐車場に停める

登山起点となっている第二駐車場

道標のある分岐。ここから左上する登山道に入る

丘のような大出日山頂上

展望を楽しみながら登っていく。

やがて九合目標柱をすぎて、雑木林に囲まれた緩やかな尾根道を歩くようになると、展望のよい**大出日山**頂上に着く。丘のような頂は適度に樹木が残されていて、寒い時期には日溜まりで、暑い時期には木陰ですごせる。頂上からは北から西にかけての展望が開け、島根半島や三瓶山《さんべさん》の遠望、そして東にはアカマツの樹間から大山《だいせん》が望める。

下山は往路をのんびりと下っていけばよい。

3月から11月ごろが適期で、11月3日には登山会が行われる。

百年かずらの愛称がつけられているツルウメモドキの古木

■アドバイス

▽公共交通機関はなく、マイカー利用が基本となるが、歩行時間も短いので、経路案内図のある第一駐車場から山里の風情を楽しみながら歩きたい。

▽第一駐車場から第二駐車場までの間には駐車スペースはなく、わずかな広場は民有地なので駐車しないこと。

▽頂上から天狗山へ続く尾根に縦走路があるが、やぶこぎを強いられる場合も多いので注意。

▽大東町海潮地区には『出雲風土記』にも記載されている古くからの名湯、海潮温泉がある。日帰り入浴ができるので下山後に利用したい。

■問合せ先

雲南市役所☎0854・40・1000、海潮地区振興会☎0854・43・2705、海潮温泉桂荘☎0854・43・2414

■2万5000分ノ1地形図

上山佐

16

山城跡から宍道湖の展望を楽しむ

幡屋三山 丸倉山・大平山・八十山

はたやさんざん 372m
まぐらやま 410m
おおひらやま 407m
はちじゅうざん

日帰り

歩行時間＝3時間
歩行距離＝9.3km

技術度
体力度

コース定数＝17

標高差＝265m

累積標高差 ↗810m ↘810m

↑丸倉山頂上から眺める宍道湖と島根半島

←丸倉山中腹の登山道から中国山地を眺める

大東町から眺める幡屋三山

幡屋三山は、地形図には「馬鞍山」「大平山」「八重山」と記されているが、地元では「丸倉山」「大平山」「八十山」とよんでいるので、本稿もそれにしたがった。松《まつ》江《え》市と雲南《うんなん》市の境に連なり、丸倉山には丸倉山城跡、大平山から北に派生する尾根上には深い堀切と200メートルを超える土塁の続く大平山城跡がある。

丸倉山の大きな案内看板から狭い車道を上がると、民家の先に小さな駐車スペースがある**登山口**に着く。道標にしたがい、突き当たった林道を右から折り返せば尾根上の登山道につながる。急峻な道を登ると、**分岐**をすぎて城跡の**丸倉山**頂上だ。振り向けば中国山地の山並み、そして北側からは宍道《しんじ》湖や島根半島が一望できる。

分岐まで引き返したら、往路と分かれて左へ向かう。林を抜けると展望が開け、**林道に合流**してそのまま歩く。次の分岐を丸倉山の裾に沿って左の道に入り、鞍部から木立の中に続く道を進む。小丸倉山への急な道を右に見てすぎると、**大平山登山口**がある。

やがて右に緩やかな道となって**大平山**頂上に着く。展望はまったくない。そのまま進み、お立台への分岐をすぎると、しっかりした登山道が八十山との鞍部まで導いてくれる。

林道の合流点から、左の杉林に入り、大平山城跡の道標にしたがって左に山肌を巻くよう進む。尾根を歩くようになると大きな堀切があり、土塁の続く郭跡の平坦地をたどれば**大平山城主郭**に着く。

展望を楽しんだら林道手前まで戻り、そのまま登ると**八十山**の頂上である。

下山は八十権現堂の参道から林道に下り、右に歩いて**林道合流点**まで戻る。ここから右の林道を山肌に沿ってしばらく行くと小さな小丸倉水神神社の祠がある。その左横の小径を小丸倉山に上がれば展望案内図とあずまやがあるので、ここでのんびりすごすのもよい。

小丸倉山からは尾根道を下るとすぐに**林道に出合う**ので、左の道を下れば**登山口**に戻る。

CHECK POINT

1 登山口となる駐車スペース。登山道は案内図のところから左手前に続いている

2 丸倉山の頂上を往復したらここから右の道を進む

3 林道の分岐。ここから山肌に沿った左の道を進む

4 大平山登山口にある道標

5 八十山頂上にある八十権現堂。権現堂の先を左に曲がると展望地がある

6 小丸倉山にあるあずまや。ここから丸倉山のピラミダルな山容が眺められる

■鉄道・バス

往路・復路＝雲南市民バスが運行しているが、平日のみの運行で便数も少なく、マイカー利用が現実的。

■マイカー

山陰自動車道宍道ICから県道57号、国道54号大森交差点を左折して広域農道に入り、約300《メートル》先を右折して道なりに約4《キロ》走ると右手に丸倉山の大きな案内看板がある。左に入ると民家の先に登山口の駐車スペースがある。ただ、駐車スペースは3台程度なので、案内看板手前約400《メートル》にある路側帯を利用するとよい。

■登山適期

草の茂る盛夏は避けて、積雪のない3月から12月上旬ころがおすすめ。

■アドバイス

▽山腹には複数の作業林道が通じているが、分岐には道標が整備されているので間違うことはないだろう。

▽大平山の尾根道は草が茂り気味なので、夏草の旺盛なころはやぶこぎ状態となることもある。

▽大平山と大平山城跡は山名が同じなので、大平山頂上に城跡があると誤解されやすいが、城跡は支尾根の標高400《メートル》の細長いピークにある。

■問合せ先

雲南市役所政策推進課☎0854・40・1011

■2万5000分ノ1地形図

宍道

17 尼子十旗の山城で展望を楽しむ

高瀬山

たかせやま 314m

日帰り

歩行時間＝2時間10分
歩行距離＝5・3km

技術度 ■□□□□
体力度 ■□□□□

コース定数＝9
標高差＝249m
累積標高差 ↗346m ↘346m

↑広域農道から眺める高瀬山

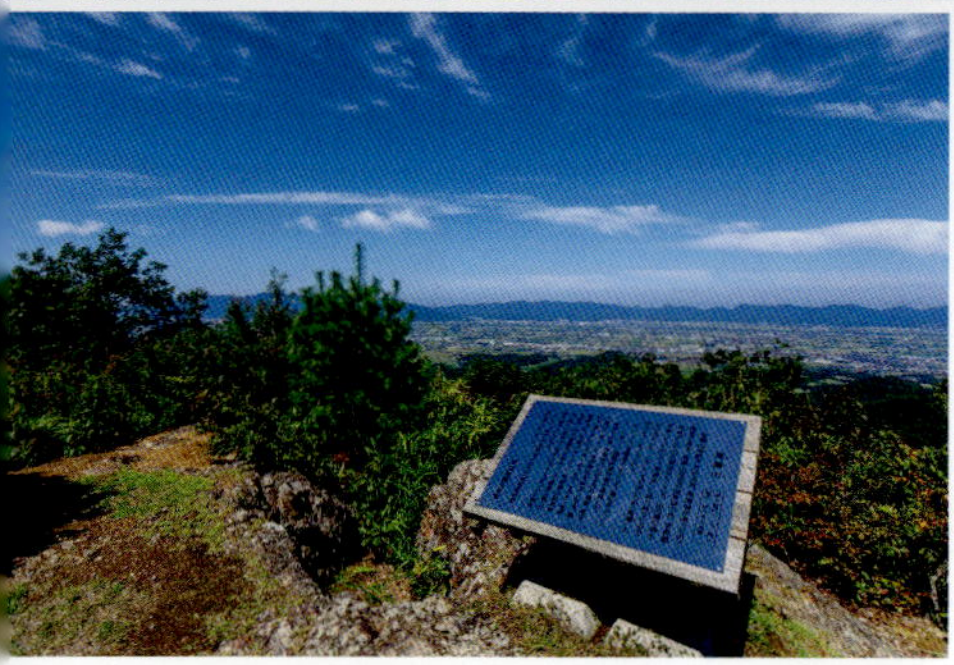

←展望のいい高瀬山頂上。解説板の左に窪みがある

出雲《いずも》地方には多くの山城があるが、高瀬山は尼子氏の本城、月山《がっさん》富田《とだ》城の重要な防衛線となる支城で、尼子十旗に数えられている。北麓から眺めると急峻な山肌はいかにも山城らしく、「要害」の趣が感じられ、登行欲をかきたてられる登山者も多いだろう。

広域農道に高瀬城址の大きな案内図があり、山陰自動車道の架橋の奥に案合図と同じ構図の高瀬山が見える。案内図から車道を８００㍍《メートル》進み、左カーブする橋のたもとが**登山口**だ。道標もある。

登山道に入り、しばらく登ると固屋谷《こやだに》との**分岐**に上がり、緩やかな尾根道を進めば三の丸（鉄砲立《てっぽうだち》）に着く。急峻な谷を両側に見下ろす防衛施設で、進撃してくる敵を鉄砲で迎え撃つ場所と考えられている。

逃げ場のない狭い尾根を、前方上部に二の丸を眺めながら進む。右に尾根をはずれて七曲りとよばれる急坂に取り付き、小刻みなつづら折りを繰り返すと兵糧や武器

■**鉄道・バス**
往路・復路＝登山口までの公共交通機関はないが、最寄駅は山陰本線荘原駅となり、高瀬城址案内図までは約2・5㌔の里道歩きとなる。

■**マイカー**
山陰自動車道斐川ICを降りて県道183号を宍道方面へ右折し、約2・5㌔走ると高瀬城址の案内図が右にある。登山口付近の路肩に数台の駐車が可能。

■**登山適期**
登山は通年可能。

■**アドバイス**
▽下山時、神庭谷道標から林道に出るまでが荒れている場合もあるので足もとに注意。
▽頂上から南へ下り、分岐にある中国自然歩道の道標にしたがって神庭谷方面に歩くと紹介コースの神庭谷登山口に出合う。
▽広域農道を出雲方面に約1㌔に荒神谷遺跡公園があり、6月下旬から7月下旬ごろにかけて約5㌶のハス田に古代ハスの花が見られる。
▽広域農道を宍道方面に約1・5㌔走り、湯の川温泉の標識にしたがって左折すれば日本三美人の湯、湯の川温泉がある。四季荘☎0120・72・6525、ひかわ美人の湯☎0853・72・5526で日帰り入浴ができる。

■**問合せ先**

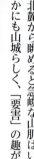

を保管していたとされる**駄置場**《だおきば》に着く。右に踏跡をたどると二ノ丸に行けるが、灌木に囲まれて展望はない。

頂上へは左に進路をとり、人工的と思われるいく段もの郭跡を数え、鉄製の階段を上がると、進路をはばむように大きな縦穴がある。かつて高瀬山には埋蔵金のいい伝えがあったことから、それを信じた人々があちこちを掘り返したそうで、その痕跡なのか、あるいは築城時の防御施設かは定かでないらしい。

穴を回りこんで歩いていくと、まもなく展望のよい**高瀬山**頂上に着く。頂上には人工的か自然のものかわからないが、岩盤をくり抜いたような窪みがあり、想像力をかき立ててくれる。

下山は固屋谷との**分岐**まで引き返し、左に固屋谷を下って神庭谷《かんばだに》道標から谷を回りこむように行くと、下り着いた林道が**神庭谷登山口**だ。山里の景観を楽しみながら北に向かって歩いていくと広域農道に出る。あとは右に進み、基点とした案内図を経て**登山口**に帰着する。

出雲市役所☎0853・21・2211
■2万5000分ノ1地形図
出雲今市

CHECK POINT

1

登山口にある道標。ここから登山がはじまる

2

固屋谷への分岐。頂上は左に、下山はここから固屋谷・神庭谷方面へ下る

3

鉄砲立とよばれる三の丸。この先少しの間は逃げ場のない尾根道となる

4

武器や兵糧などを置いていた場所といわれている駄置場

5

神庭谷の登山口に下ってくる。ここから車道に出るまで草が茂っている場合がある

6

田園風景の中にある祠をすぎるとほどなく農道に出合う

18

幹道の面影と展望が楽しめる山

三郡山

さんぐんさん
806m

日帰り

歩行時間＝1時間40分
歩行距離＝5・1km

技術度 1/5
体力度 1/5

コース定数＝**9**
標高差＝366m
累積標高差 ↗443m ↘471m

三郡山の頂上から大山を遠望する

3つの郡境にあることが山名の由来となった三郡山。頂上からは大山《だいせん》や船通山《せんつうざん》、比婆山《ひばやま》、猿政山《さるまさやま》など、この地域を代表する山々が望まれ、明治期につくられた幹道の面影が感じられる登山道など、展望と歴史が楽しめる山となっている。

南麓の亀嵩から見る三郡山

亀嵩《かめだけ》農道にある三郡山案内図から棚田に沿った道を進むと、突き当たりに道標がある。それにしたがって左に行けば杉の植林帯に入り、まもなく**駐車場**に着く。案内図にはこの先にも駐車場が記されているが、車の通行は不可能なので車はここに停めること。

歩きはじめて、すぐ先で橋を渡り、車の通れなくなったアスファルト道を進むと、かつての駐車場とされていた林道終点に着く。ここから山道で、小川を渡って草に覆われ気味の道を進むと道標がある。右に折り返すように登ると、まもなく長寿の滝への道標だが、滝への道は消失気味だ。

小刻みなつづら折りから、深く掘れこんだ溝状の道を登

■鉄道・バス
往路・復路＝登山に利用できる交通機関はないので、マイカー利用となる。

■マイカー
松江自動車道三刀屋木次ICから国道314号、県道271号、県道45号経由で大仁広域農道を奥出雲方面に左折。亀嵩農道の標識にしたがって左折して約2㌔。三郡山案内図から左に上がり、突き当たりを左折すると駐車場がある。下山口へは、松江自動車道三刀屋木次ICから登山口と同じ経路で大東町上久野へ約18㌔走り、三郡山の標識にしたがって右に入ると三郡山入口駐車場がある。

■登山適期
4～11月ごろ。

■アドバイス
▽紹介コースは山越えとなるので、回送の車が必要となる。車一台での登山の場合は、頂上東下の建物前から上分東コースを下る周回コースがある。紹介コースと比べると利用者が少なく、草がかぶり気味のところや谷沿いでは道がなくなっている場所もあるので、迷わないよう注意が必要だ。
▽登山口の駐車場への道は狭いので、亀嵩農道の路肩に駐車する場合は、山名の石碑から西に100㍍ほどのところに広い路肩がある。ここから駐車場まで徒歩15分。

っていく。やがて尾根をはずれて右に山肌をたどるようになり、なだらかで心地よい道を歩いていくと**切り割の峠**にさしかかる。この峠越えの道は「久野道」とよばれ、明治23年に完成して当時の県知事も人力車で越えたという。

　ここから右の尾根に上がり、ほぼ忠実に尾根上を登るようになる。いくつかの起伏をすぎると玉《たま》峰山《みねさん》や船通山が望めるピークに着き、左に尾根を下り、わずかなアップダウンを繰り返しながら高度を上げていけば展望のいい**三郡山**頂上に着く。

　下山は、頂上から少し下ると、使われていない電波塔の建物があり、左の尾根に心地よい道が続いている。急坂の階段をすぎると、明るい尾根歩きから右の谷に下りるようになり、杉林の薄暗い谷道を歩く。雨が降れば小川に変わる道を緩やかに下っていくと**分岐**がある。左へ行くと桃源郷だが、ここでは右に歩いていく。ほぼ水平の道は、登山時に見た切り割の峠から続いている久野道だ。水平歩道から坂道を下ると、狭い谷底を歩くようになり、ほどなく登山口に出て**駐車場**に着く。

CHECK POINT

1

登山口の駐車場。ここから上は車の通行不能

2

かつて県知事が人力車で越えたという切り割の峠道。頂上へは右の尾根に登る

3

展望のよい頂上からはこの地域を代表する山々が眺められる

4

頂上から東に下るとすぐにコンクリートの建物があり、左の広い尾根道を下る

5

久野道の分岐。ここから右に幅の広い道を歩いていく

6

狭い谷底をたどる道は野性味あふれている

■**問合せ先**
島根県自然環境課☎0852・22・6172、久野地区振興会☎0854・47・0040、奥出雲町観光協会☎0854・54・2260
■**2万5000分ノ1地形図**
横田・上山佐

19

玉峰山

花崗岩の露岩と滝をめぐる山歩き

日帰り

たまみねさん
820m

歩行時間＝2時間20分
歩行距離＝5・0km

技術度
体力度

コース定数＝12
標高差＝420m
累積標高差 620m 620m

中腹に露岩が点在する玉峰山

玉峰山は、『出雲国風土記』に「郡家の東南一十里なり。古老の傳えに伝まらく、山嶺に玉上神を在せまつる。故、玉峯と云ふ」と記されている。この地域の山にしては珍しく、山肌にいくつもの花崗岩の露岩が点在し、小ぶりだが深い峡谷があるなど、古の人々が玉峰山に神秘性を感じたのもわかるような気がする。一帯は玉峰山森林公園として、案内看板や道標が整備され、登山道もよく歩かれている人気のある山で、林間広場を起点とする登山が一般的となる。

玉峰山森林公園の林間広場管理棟入口の車道終点にある、玉峰山森林公園の案内図横から**登山道に入る**。すぐに分岐があり、どちらの道をとっても雄滝の上で合流するが、玉峰登山のポイントとなる雄滝を見たいので右の道を歩いていく。ほどなく谷の中につくられた展望テラスがあり、両側が切り立った岩の奥に雄滝が見える。

先ほど分かれた道と合流して谷沿いに登っていくと、やがて上バクチ岩をすぎ、**分岐**のある尾根に上がる。道標にしたがってアカマツ林の中を右に向かい、小窓岩の狭い隙間をすり抜けて登る。

屏風岩の展望所をすぎ、風岩の横を通って落葉樹に囲まれた尾根道から山々を眺めながら登っていくと**玉峰山**頂上だ。灌木越しに奥《おく》出雲《いずも》の山々の展望が楽しめる。

下山は2つのコースが考えられ

■鉄道・バス
往路・復路＝最寄り駅はJR木次線亀嵩駅だが、便数が少なく、駅から登山口の林間広場まで約5キロ、1時間程度の歩きとなる。

■マイカー
松江自動車道三刀屋木次ICから国道314号、432号で奥出雲町亀嵩へ約30キロ。玉峰山登山口の看板にしたがって行けば玉峰山森林公園に着く。松江自動車道高野ICからは国道432号で奥出雲町亀嵩へ約35キロ。

■登山適期
3月から11月ごろが適期で、シャクナゲの花が咲く5月上旬ごろに山開きが行われる。

■アドバイス
『出雲国風土記』に記載されている玉上神は玉峰山が望める山麓の湯野神社に移され、境内社として祀られている。神社前には亀嵩を全国的に有名にした、松本清張の推理小説『砂の器』舞台の地の記念碑が立てられている。
▽玉峰山荘から一本松跡までの登山道もあり、山荘を起点にすると下山後すぐに温泉に入ることができるが、やぶが茂り気味の場合もある。

■問合せ先
島根県自然環境課☎0852・22・6172、玉峰山荘☎0854・57・0800、奥出雲町観光協会☎0854・54・2260

CHECK POINT

林間広場入口の車道終点。ここから登山がはじまる

峡谷の中に流れる雄滝と展望テラス

岩の隙間を抜けて登山道がつけられている小窓岩

玉峰山頂上からは灌木越しに展望が開ける

山腹を巻くコースにある窓岩は、岩上に上がることもできる

雌滝の下流に設置されている非常階段のような階段を下りると、ほどなく車道に出る

落差20メートルの雄滝

岩間の奥に流れる雌滝

る。ひとつは、頂上標柱の横にある道を尾根伝いに下って行くコース。もうひとつは小窓岩下の**分岐**まで引き返し、山腹を巻くコースで、距離は長くなるが、しま岩やかざし岩、窓岩などの見どころがある。いずれも尾根上で**合流**して、**一本松跡**の分岐から雌滝方面に下り、大きなチョックストーンのはさまっている雌《め》滝を見て、鉄製の階段を下ると、ほどなく車道に出る。

■2万5000分ノ1地形図
横田

20

タタラの痕跡からカタクリが咲く神話の頂に登る

船通山

日帰り

せんつうざん
1142m

歩行時間＝2時間45分
歩行距離＝10・2km

技術度

体力度

コース定数＝15

標高差＝582m

累積標高差 664m 664m

スサノオノミコトが高天ヶ原を追放されてこの地に降り立ち、八岐大蛇を退治する神話の舞台が船通山。中国地方では数少ないカタクリが咲く山としても知られる。花の季節には群生地を守るロープの設置やパトロールなど、地元有志によって保護活動が行われている。島根県側の登山道は、カンナ流しの水路跡を歩く亀石《かめいし》コース、八岐大蛇の棲みかといわれる鳥上《とりかみ》滝を見る鳥上滝コースがあり、それぞれが楽しめる周回登山がおすすめだ。

わくわくプールを起点に斐伊《ひい》川にかかる橋を渡って船通山林道を上がる。かつて山里の暮らしがあった景色や亀石高殿鉄跡のタタラ場跡を見て、しばらく歩いていくと駐車場とトイレをすぎ、**亀石コースの登山口**に着く。

ほどなく谷間の道を歩くようになり、沢筋をいく度か右、左へと渡りながら登っていけば、傾斜が急になり、石段をすぎて横手道に上がる。山肌をほぼ水平に続く道は、この地方で盛んに行われていたカンナ流しの水路跡を利用した登山道で、ブナ林などを観察しながら快適に歩ける。やがて道は左上するが、横手道の延長線を注意深く観察して見ると、山肌に続く水路跡が確認できるだろう。

横手道から離れ、愛宕道とよばれるつづら折りの道を登っていくと、緩やかな尾根上の分岐で鳥上滝コースに合流する。カタクリなどの植生保護のために敷設してある木道からはずれないように、道標にしたがって左に向かうと樹林帯を抜けて展望のよい**船通山**頂上に着く。山頂は八岐大蛇神話の舞台でもあり、大蛇の尻尾から出てきたといわれる「天叢乃剣」を模した出顕之地の記念碑が立ち、スサノオノミコトが祀られている祠と鳥居がある。一面は天然芝の草原で、ゴールデンウィークのころには群生するカタクリの花を求めて多くの登山者が訪れる。

下山は分岐まで引き返し、そのまままっすぐ歩くと広場がある。その先で道は緩やかに下るようになり、水場をすぎると、まもなく右下に見える斐伊川源流部の谷底まで大きくつづら折りで下る。源流の流れを右岸、左岸へと渡りながら下っていくと、谷が狭くなるところで鉄製の階段が現れる。階段の下、右岸には八岐大蛇が棲んでいたという伝説の**鳥上滝**がある。ここから大きな石が敷きつめられた石畳の道を下れば**鳥上滝コースの登山口**に着き、車道を歩いて起点の**わくわくプール**に帰着する。

■鉄道・バス
往路・復路＝JR木次線横田駅から斐乃上荘行きの奥出雲交通のバス便はあるが、日帰り登山は時間的余裕が少ない。

■マイカー
松江自動車道三刀屋木次ICから国道314号で出雲横田へ。県道15号を日南方面へ右折、約500㍍先を船通山の標識にしたがって左折、要所にある船通山の標識に導かれてわくわくプールへ。

■登山適期
4月から11月ごろが無積雪期の登山

船通山頂上から遠方に三瓶山を望む

船通山頂上に群生するカタクリ

カンナ残丘と船通山

CHECK POINT

1 亀石コースの登山口。ここから谷沿いの道を歩く

2 沢の上部にある階段から、つづら折りの急坂を登れば横手道がある

3 ほぼ水平に続く横手道を快適に歩いていく

4 木道の敷設されている分岐。木道からはずれないように歩きたい

5 登山者でにぎわうカタクリの咲く船通山頂上

6 八岐大蛇の棲みかと伝えられている鳥上滝

時期となるが、カタクリの咲くゴールデンウィークや新緑の5月ごろ、紅葉の10月ごろがよい。

■アドバイス

▽登山の起点となるわくわくプールは温泉水を利用した膝下程度の親水公園で、夏には親子連れでにぎわっている。

登山の起点とするわくわくプール。カタクリの咲くころの休日は車でいっぱいになる

▽登山口近くにある民宿たなべや斐乃上荘では日帰り入浴ができるので下山後の利用に最適。

▽斐乃上温泉は「日本三大美肌の湯」に選ばれている名湯なので、前日あるいは登山後に宿泊してのんびり山を楽しむのもよい。往復登山の場合は亀石コース登山口、鳥上滝コース登山口それぞれの駐車場を利用すると短時間で登れる。

■問合せ先

奥出雲町役場地域振興課☎0854・54・2524、奥出雲交通☎0854・54・1047、斐乃上荘☎0854・52・0234、民宿たなべ☎0854・52・0930

■2万5000分ノ1地形図

多里・阿毘縁

県道108号、横田へ
斐乃上温泉
斐乃上荘
斐乃上荘バス停
728
738
617
WC P 560m Start Goal
民宿たなべ
わくわくプール
赤川
斐伊川
600
728
0.25
0.30
0.35
0.30
658
700
659
亀石高殿鉄跡
882
700
船通山林道
715
鳥上滝コース
登山口
WC P
800
900
0.20
0.25
831
746
WC P
1 亀石コース
登山口
958
島根県
奥出雲町
1000
6 鳥上滝
1080
0.30
0.20
水路跡が続く
942
水
0.25
0.40
炭焼窯跡が
点在する
720
902
1100
愛宕道
横手道
3
ベンチ
2
0.30
0.25
分岐
4
1015
船通山
5
1142
ここまで
水路跡がある
船通山のイチイ
イチイ
金明水
水
烏帽子岩
1014
天狗岩
1020
避難小屋
鳥取県
日南町
林間広場
944
炭焼窯跡
825
980
N
0
500m
1:25,000
登山口駐車場 P
県道15号へ

←ツツジ咲く大膳原から福田頭を見る

←立烏帽子山から吾妻山を見る

21

吾妻山

あづまやま
1238m

かつて和牛を放牧した草原から展望の頂へ

日帰り

歩行時間＝3時間35分
歩行距離＝11・8km

技術度 ■□□□□
体力度 ■□□□□

コース定数＝**19**

標高差＝685m

累積標高差 ↗944m ↘944m

吾妻山は広島県立県民の森、吾妻山地区として整備されているので、広島県の山のイメージが強いが、高位準平原の大膳原《だいぜんばら》をはさんで、出雲烏帽子山《いずもえぼしやま》とともに県境上にある山だ。標高1020メートル前後の広い草原が広がる大膳原では、かつて和牛の山地放牧が行われていて、その痕跡を県境に沿って頂上部まで続く土塁や石塁に見ることができる。

大峠《おおとうげ》の駐車場から左の大峠川に沿って上がっている県道を歩いていく。山里の景色を眺めながら進めば、古い六地蔵が祀られている分かれ道がある。左の道を上がり、第二駐車場をすぎて、昭和19年の刻字のある山ノ神神社の小さな石神の先から山間に入る。

車道をしばらくたどれば**県道の終点**に着く。先までのびるコンクリート舗装道の路肩を注意深く観察すると、赤茶けたあるいは黒っぽく溶解痕のある石が散在しているのに気づく。タタラ製鉄の炉から流れ出た鉱滓で、左に古い石垣と平地があることから、このあたりで野タタラが営まれていたのだ

■鉄道・バス
往路・復路＝公共交通機関はなく、マイカーが現実的。

■マイカー
松江自動車道三刀屋木次ICから国道314号を南下、約25キロで出雲三成駅へ。駅先の交差点を庄原・高野方面に右折し、橋を渡って馬木方面に左折して県道25号を約17キロで大峠の無料駐車場に着く。さらに県道を約600メートル進むと第二駐車場がある。

■登山適期
4月下旬から11月までが適期で、5月の新緑や10月下旬の紅葉の時期がおすすめ。牧柵の土塁を観察するなら芽吹き前の4月下旬ごろがよい。

■アドバイス
▽吾妻山、比婆山は人気のある山域で、登山道も多く、さまざまなコース設定が可能。吾妻山頂上から休暇村のある池ノ原に下り、山肌を巻いて南ノ原から大膳原に戻るコースや、出雲烏帽子山から御陵方面など、広島県側に足をのばしてもよい。
▽県道終点まで車で入ることも可能だが、第一駐車場か第二駐車場から山里の景色を楽しみながら歩きたい。

■問合せ先
島根県自然環境課☎0852・22・6172、奥出雲町地域振興課☎0854・54・2524

■2万5000分ノ1地形図
比婆山・下横田

ろう。

さらに谷沿いの道を登っていくと、沢を右に渡り、水量の少ない水場をすぎると、まもなく**横田別**《よこたわかれ》に着く。古くはこの峠を越えて越《おっ》原《ぱら》まで道が通じていたが、今ではササが茂り、道の痕跡がわずかに感じられる程度だ。

牧柵の名残となる小さな門柱を通って右に歩いていくと、しだいに視界が開け、左側に福田頭《ふくだがしら》が望めるようになれば、広々とした大膳原に出る。前方に目指す吾妻山が間近に見え、振り向けば森に覆われた比婆山《ひばやま》御陵《ごりょう》と出雲烏帽子山が望める。

吾妻山頂上から広島県側の池ノ原を見下ろす

草原の中に立つ分岐を右に行けば大膳原キャンプ場とりっぱな休憩所がある。吾妻山を正面に、草原の中に続く道を歩いていく。足もとは天然芝に覆われ、靴底から伝わってくる柔らかな感触が心地よい。タタラ製鉄や和牛の山地放牧など、古くから人々の暮らしの中にあった吾妻山だが、ここ大膳原では、昭和30年代には天然芝を剥ぎとって販売もされていたという。今では周辺を樹林が囲み、訪れるのは登山者だけとなったが、古くは広々とした平原が広がり、山間に暮らす人々の生活が強く感じられたことだろう。

県境に沿う小さな土塁の痕跡を探りながらツゲの点在するなだらかな道を歩いていくと、土塁と別れて道は左上するようになる。続いて**分岐**を右に上がると、右手に御陵や出雲烏帽子山が望め、登るにつれて展望も広がっていく。

風化の進んだ玄武岩の転がっている道を登ればやがて尾根上に出て、前方に猿政山《さるまさやま》の特徴的な山容が、そして目を下に落とせば池《いけ》ノ原《はら》にある吾妻山ロッジの赤い屋根が印象的だ。左右の展望を楽しみながら右に行くとイチイの木を巻いて、すぐに**吾妻山**の頂上である。

休憩を終えたら、**横田別**まで引き返し、道標にしたがって灌木に囲まれた道を登り、分岐を左に行くと、ほどなく烏帽子岩や条溝岩のある広い**出雲烏帽子山**頂上に着く。

下山は往路を戻る。

CHECK POINT

1 県道終点。この先へもコンクリート舗装が続くが車両の通行は困難

2 県境を分ける横田別を西に向かうと大膳原にいたる

3 大膳原の草原を、前方に吾妻山を眺めながら進む

4 分岐にある道標に導かれて吾妻山へ向かう

5 展望のよい吾妻山頂上

6 山名の由来となった烏帽子岩は県境を分ける頂上の島根県側にある

県道25号、八川へ
大峠駐車場
553m
Start Goal
六地蔵
大峠
第二駐車場
山ノ神神社
25
大峠川
大馬木川
島根県
奥出雲町
△885
•793
•777
•949
•581
•676
△935
•997
600
700
800
900
1000
1100
0.40
0.35
県道25号終点
2〜3台
路肩に鉄滓が散在している
ここまでコンクリート舗装
0.20
0.15
1225
出雲烏帽子山
分岐
△1225
0.25
0.20
横田別
大膳原休憩所
キャンプ場
•1036
0.20
0.15
0.15
0.10
1238
吾妻山
分岐
分岐
0.35
0.25
0.15
0.20
池ノ原
休暇村吾妻山ロッジ
1159
0.20
0.20
南ノ原
•954
991
比婆山
1264
立烏帽子山
広島県
庄原市
比和町、県道255号へ
•937
•857
越原
比和町、県道255号へ
N
0
500m
1:25,000

22

谷間深くにそびえる辺境の山
猿政山

さるまさやま
1268m

日帰り

歩行時間＝3時間35分
歩行距離＝11・0㎞

技術度
体力度

コース定数＝21	
標高差＝733m	
累積標高差	↗910m ↘910m

内尾谷集落跡から頂上部を見ながら轍道を歩く

島根県東部の最高峰・猿政山は、昭和60年ごろに内尾谷《うちおだに》から作業林道が標高960㍍付近まで上がり、それを利用した登山が行われるようになった。かつてやぶこぎを強いられていたルートも、しだいにしっかりした踏跡に変わり、急峻な斜面にはロープの設置なども行われている。登山起点は未舗装の林道を約2㌔入った内尾谷集落で、ここまでの道が悪く、また集落のたたずまいなどから、辺境の地にある山といった印象だ。

集落手前の左にある駐車スペースが**登山の起点**となる。人々の暮らしはすでになく、夏草に埋もれかけた数軒の廃屋や耕地跡を見て、山間に入っていくと車止めの鎖がある。ここから王子ホールディングスの社有林に入る。しばらく林道を歩いていくが、林内への立ち入りは私有地なので慎みたい。

緩やかに高度を上げながら進むと、右手に鯛《たい》ノ巣山《すやま》や大万木山《おおよろぎやま》に続く稜線が眺められる。その林道のほぼ終点が**登山口**。左に登山道に入ると、すぐに杉の植林地の急登となる。道には砂礫が多く、石車に乗らないよう慎重に登っていけば、まもなく広島県と県境を分ける尾根に出る。あたりはブナ林に変わり、ササの茂る林床を尾根通しに右にたどっていくが、胸まででササが茂っているところもあるので、足もとを確認しながら進んでいきたい。

いく度かアップダウンを繰り返しながら尾根道を行くと、道はしだいに急坂になり、設置されたロープと木の枝や根を手がかりに登

■**鉄道・バス**
往路・復路＝公共交通機関はなく、マイカー利用が現実的。

■**マイカー**
松江自動車道高野ICから県道39号を経て、国道432号を北進。島根県に入り、県境から約5㌔走ると可部屋集成館の標識がある。右に橋を渡り、集成館の駐車場をすぎて狭い車道から橋を渡ると、舗装道路と轍道の分岐がある。猿政山の道標にしたがい、林道内尾谷線に入って轍道をしばらく進むと内尾谷集落跡の手前左に2～3台の駐車スペースがある。草が茂っている時期にはわかりにくい場合がある。

■**登山適期**
4月下旬から12月上旬ごろで、オオヤマレンゲを見るなら6月上旬から中旬ごろ。10月中旬から11月上旬ごろの紅葉の時期。

■**アドバイス**
▽登山口へのアプローチが悪く、林道が荒れている場合は車高の低い車の通行は困難で、内尾谷集落跡の登山口駐車場までたどり着けないこと

るようになる。樹林に覆われているが、急峻な斜面なので、足もとには充分注意して登っていくこと。振り向けば樹間越しに大山《だいせん》方面が望め、やがて傾斜が緩くなれば庄原《しょうばら》市高野町《たかのちょう》からの**登山道に合流**する。広くなった尾根道を右に行くと左に広島県側の展望が望め、ほどなく島根県側の展望がきく**猿政山**頂上に着く。

下山は往路を戻るが、急峻な下りは慎重に下りたい。

CHECK POINT

林道内尾谷線入口。ここから未舗装の轍道に変わり、進むにつれて道は荒れてくる

駐車スペースから集落跡の荒れた砂利道を歩く

車止めの鎖。ここから王子ホールディングス社有林の林道を歩いていく

林道終点付近から左の登山道へ入る

ロープが設置された急峻な登山道を慎重に登る

島根県側の展望が開ける猿政山の頂上

頂上部の尾根道から船通山や大山を見る

もある。この場合、林道入口または途中に数箇所ある駐車可能な路肩を利用するとよいだろう。

▽車止めの鎖から先は王子ホールディングスの社有林となる。入口に立てられている注意看板を理解し、林道をはずれないように歩いていきたい。

■問合せ先

みとの会（荒木屋商店）☎0854・56・0012

■2万5000分ノ1地形図

阿井町・比婆新市

23

鯛ノ巣山

神秘的な巨岩と展望を楽しむ周回登山

たいのすやま
1026m

日帰り

歩行時間＝3時間15分
歩行距離＝7・8km

技術度

体力度

コース定数	＝16
標高差	＝576m
累積標高差	↗ 702m　↘ 702m

阿井の里から見上げる早春の鯛ノ巣山

弁当大岩から広島県方面の展望

深い谷の奥にかかる大滝

『出雲国風土記』に「志努坂野《しぬさかの》」と記されている鯛ノ巣山は、王貫《おうぬき》峠《だわ》を越えて広島県と島根県を結ぶ街道、国道432号のある深い谷をはさんで猿政山《さるまさやま》と対峙している。北東の麓から見ると、どっしりとした独立峰に見えるが、南西方向に毛無山《けなしやま》から大万木山《おおよろぎやま》を経て草峠《くさんだわ》、琴引山《ことびきやま》へと連なる連山の北東端の山で、尾根通しに縦走路がある。

駐車場から車道を少し下り、登山案内図の横から舗装道路を上がっていくと舗装が切れたところが**登山道入口**だ。道標にし

■鉄道・バス
往路・復路＝公共交通機関はなくマイカーが現実的。

■マイカー
登山口へは松江自動車道雲南吉田ICが近いが、途中の道路は狭くカーブも多いので、広島県の高野ICを利用するとよい。インターを降りて県道39号を経て、国道432号を北進して島根県に入り、約8㌔走ると鯛ノ巣山の標識がある。県道38号に左折して約1㌔先にある鯛ノ巣山登山口の案内にしたがって右の道に入り、要所にある標識にしたがうと登山口の無料駐車場に着く。約20台程度駐車可。

■登山適期
4月中旬から11月ごろが適期。

■アドバイス
▽鯛ノ巣山の登山道は紹介コースのほかに、頂上から毛無山を経て大万木山へ尾根沿いの縦走路がある。鯛ノ巣山から毛無山までの間は、踏跡はしっかりしているが、道が見えないほどのやぶこぎが必要となる。
▽下山路の大滝手前の分岐には駐車場への道標があるが道は荒れている。一帯はツキノワグマの生息域となるため、不意に出合わないための対策が必要となる。

■問合せ先
島根県自然環境課☎0852・22・6172、奥出雲町観光協会☎08

たがい、杉の植林地に続く右の道を歩いていく。ところどころに大きな岩が点在する沢に沿って登り、三合目の鯛流水《たいりゅうすい》をすぎてエゴノキやシデ、ヤマザクラ、キハダなどの二次林を見ながら、沢から離れて尾根を登るようになると、植林地からブナ林へと変わる。

樹間から「こうもり岩」とよばれる岩場が見えれば、まもなく数基のベンチをすぎて岩の基部、**六合目**に着く。その下を左に巻くように登り、再び尾根に上がるところうり岩の上に行く分岐がある。

道標にしたがって左に登り、急傾斜だった登山道が緩やかになると、まもなく**鯛ノ巣山**の頂上に着く。適度な木陰となっている頂上からは、北の方向に展望が開ける。さらに南に続く尾根道をたどると、「**弁当大岩**」とよばれる断崖の上に出る。国道432号が走る深い谷をはさんで、猿政山や県境を越えた広島県の山々が望める絶好の展望地だが、断崖の上なので足もとには充分注意が必要だ。

下山は**鯛ノ巣山**頂上まで引き返し、右手の大滝方面に下っていく。すぐに猿政山方面が望めるササ原の展望地をすぎ、しばらく下ると右手に大岩がある。ここも絶好の**展望地**となっているが、足もとには充分注意すること。

尾根道からつづら折りで谷沿いを歩くようになり、いく度か沢を渡って山肌に沿って歩くと、まもなく踏跡のある分岐をすぎて、左に回りこむように下ると**大滝**がある。道が緩やかになると、**登山道入口**に帰着して、往路を戻る。

54・54・2260
■2万5000分ノ1地形図
阿井町

CHECK POINT

1 車道の終点からはじまる登山道を右の杉林に入っていく

2 六合目にあるこうもり岩からは、左に岩の基部を巻いて登る

3 北側に展望が開ける鯛ノ巣山頂上には適度な木陰があり、休憩によい

4 弁当大岩からは谷をはさんで猿政山が望めるが、足もとは絶壁なので要注意

5 展望岩からも眼下に櫻井家住宅、可部屋集成館のある深い谷と猿政山が望める

6 大滝手前にある分岐には道標があるが、駐車場方面の道は荒れている

24

大地に残るタタラの記憶と豊かなブナの森を歩く

大万木山

おおよろぎやま　1218m

日帰り

歩行時間＝2時間15分
歩行距離＝6・8km

技術度
体力度

コース定数＝**14**
標高差＝573m
累積標高差　755m　755m

沖の郷山から眺める大万木山

大万木山は広島県との県境に位置し、県境にある山としては唯一島根県側からしか登れない山で、一帯は島根県県民の森「自然観察ゾーン」として整備されている。登山道は滝見コース、渓谷コース、権現《ごんげん》コースが一般的で、ここではタタラの痕跡や豊かな森が楽しめる滝見コースから渓谷コースをめぐってみたい。

滝見コースの起点、**門坂**《もんさか》**駐車場**から渓流に沿った道を歩いていくと、すぐに右手に横手《よこて》コースを分ける。足もとには鉄滓が転がり、この付近にタタラ場があったことを物語っている。その痕跡を探りながら進むと、右下に権現滝への道がある。

コース名の由来となる権現滝に寄り道して、再び登山道に鉄滓が見られると**避難小屋**に着く。ほどなく沢筋から離れ、一服岩の先でアスファルト道に出る。少し車道を歩き、道標にしたがって谷間に入ると、等検境《とうけんきょう》からの道が左から出合い、尾根に出て**門坂峠地蔵尊**に着く。つづら折りを登るとブナ林に囲まれた緩やかな道を快適に歩けるようになる。やがて水場をすぎ、避難小屋が見えたら、**大万木山**の頂上に着く。

頂上からは、西側の林に続く道に入ると灌木の林に変わり、少し登り返すと**分岐**となる。尾根をそのまま進めば大階段《おおかいだん》展望台、そして草峠《くさんだわ》への縦走路だが、ここでは渓谷コースの道標にしたがって右に下りる。つづら折りを繰り返し、豊かな森を観察しながら下っていくと、ブナの森からハリギリやケ

■鉄道・バス
往路・復路＝公共交通機関はなくマイカーが現実的。
■マイカー
松江自動車道吉田掛合ICから、県道38号を経て国道54号を南下し、頓原の信号を左折して県道273号を大万木山の標識にしたがうと門坂駐車場および位出谷駐車場へ。
■登山適期
4月下旬から11月ごろまで。サンカヨウの花を見るなら5月中旬ごろに頂上避難小屋から水場までの間で多く見られる。
■アドバイス
▽頂上から権現コースを少したどると大万木山のシンボルともいえる「たこブナ」があり、さらにその先に、東方を望める山頂展望台がある。

大万木山のシンボル、たこブナ

▽権現コースを登る場合は、登山口に駐車場はなく、道路も狭いので、下山予定とする門坂駐車場、または

ヤキ、シデなどの高木林に変わる。林床にはシダやハイイヌガヤが茂り、苔むした岩が点在する静かの森となる。

やがて沢沿いを歩くようになると**避難小屋**、その下で横手道の分岐に出合う。そのまま下ればすぐに位出谷《いでだに》駐車場だが、起点とした門坂駐車場へは横手コースを行く。途中、権現コースに合流し、左に下って次の分岐を右に歩いていけば滝見コースに出合い、左下の**門坂駐車場**に帰着する。

CHECK POINT

起点となる門坂駐車場

一服岩と名づけられている岩。ここをすぎるとまもなくアスファルト道に出る

門坂峠地蔵尊の前からは三瓶山や島根半島方面の展望が開けている

ブナ林の中に建つ避難小屋をすぎて林を抜けると大万木山頂上に着く

渓谷コースへ下る分岐から草峠方面に少し歩くと大階段展望台がある

渓谷コースにある避難小屋をすぎるとまもなく横手道の分岐に出合う

登山道から谷に少し下るとコース名の由来となっている権現滝がある

位出谷駐車場を起点に車道を権現コース登山口に向かうとよい。
▽3箇所にあるログハウスの避難小屋には囲炉裏があり、利用者のために炭が置かれている。積雪の多い2月には飯南町観光協会主催の雪庇観察登山が行われる。

■問合せ先
島根県中山間地域研究センター☎0854・76・2025、飯南町観光協会☎0854・76・9050

■2万5000分ノ1地形図
出雲吉田・頓原

25

大万木山に対峙する展望の山

沖の郷山

おきのごうやま
957m

日帰り

歩行時間＝1時間50分
歩行距離＝4・4km

技術度
体力度

←山麓の都加賀から見る沖の郷山

←沖の郷山頂上から三瓶山を遠望する

大万木山《おおよろぎやま》から琴引山《ことびきやま》にかけて、標高1200㍍から1000㍍前後の長い尾根が南に連なっている。その大万木山を源流とする頓《とん》原《ばら》川の流域をはさんで北側にある沖の郷山は、周囲の山々に埋もれて存在感は薄いが、琴引山の頂上から眺めると、どっしりとした山容の独立峰であることがよくわかる。頂上は北側を除いて展望が開け、谷をはさんだ大万木山の絶好の展望地だ。また、沖の郷神社が祀られている北側の尾根の突端からも展望が楽しめるよう、北西と南西方向が伐り開かれて、沖の郷登山のポイントとなっている。

沖の郷山登山道入口の道標から轍道の林道を少し下り、右に駐車スペースに利用できる草地の広場をすぎ、橋を渡って右の林道を歩いていく。**林道終点**から登山道がはじまり、わずかな沢音を聞きながら緩やかな道を進む。

谷筋を左にはずれて尾根に上が

コース定数	＝9
標高差	＝367m
累積標高差	↗431m ↘431m

■鉄道・バス

往路・復路＝公共交通機関はなく、マイカーが現実的。

■マイカー

松江自動車道雲南吉田ICから県道38号を左折。道なりに走り国道54号に出て左折、晴雲トンネルの手前を左折して道なりに走ると前方に沖の郷山が見えてきて、道標にしたがって右の道を走ると登山道入口に着く。

登山口入口の道標から続く轍道。ここと、この先の草地に駐車スペースがある

■登山適期

4月から11月ごろが適期で、新緑の5月や紅葉の10月下旬ごろの大気の澄んだ日がよい。

■アドバイス

▽頂上や沖の郷神社からの展望がポイントとなる山なので、天気のよい日に登りたい。

▽国道54号沿いの頓原には、頓原天然炭酸温泉ラムネ銀泉☎0854・72・0880があり、下山後の利用に便利。

▽道の駅「頓原」の横にある大しめなわ創作館☎0854・72・1017では、出雲大社に奉納されている日本一の大しめ縄をはじめ、各地の

沖の郷神社前のあずまやから山麓を見る

ると、アカマツの目立つ夏緑林を歩くようになる。登るにつれて林相はシバグリやウリハダカエデ、リョウブなどに変わり、**主尾根の分岐**に上がる。右に行けば頂上だが、まずは左の尾根をたどって沖の郷神社へ向かってみよう。ここまでの林相とは異なり、主尾根は比較的若いブナ林が続いている。その林相を楽しみながら登ると、すぐに杉のたもとに**沖の郷神社**の小さな社とあずまやがある。北西と南西方向が切り開かれて、都加賀《つかが》の里や琴引山が望める。

分岐まで引き返し、そのままブナ林に囲まれた尾根を登る。ほどなく右に展望が開け、さらに登っていけばブナ林を抜けて**沖の郷山**頂上に着く。前方に大万木山の大きな山塊、右に穏やかな稜線をたどれば琴引山と赤来《あかぎ》高原の山里。そしてひときわ存在感のある三瓶山《さんべさん》が西方に望める。

下山はのんびりと往路を下る。

CHECK POINT

林道終点から登山道がはじまる。ここまで車で入ることも可能

尾根上の分岐を左に行けば沖の郷神社がある

沖の郷神社の前にあるあずまやからは都加賀集落や琴引山方面が望める

周囲の山々の展望が開ける沖の郷山の頂上

神社に奉納するしめ縄を制作している。その制作過程や展示物の見学、しめ縄の手作り体験もできる。

■問合せ先
飯南町役場☎0854・76・2211、飯南町観光協会☎0854・76・9050

■2万5000分ノ1地形図
出雲吉田

26

神話の地を見下ろす大国主命ゆかりのパワースポット

琴引山

日帰り

ことびきやま
1013m

歩行時間＝2時間45分
歩行距離＝7・4km

技術度
体力度

コース定数	＝**14**
標高差	＝473m
累積標高差	上り 661m
	下り 661m

神話の国、出雲《いずも》の南方に大国主命ゆかりの山がある。『出雲国風土記』によると、山中の岩窟に大国主命の琴があることから「琴引山」といわれるようになったとか。中腹には巨岩、頂上直下には「女夫岩」または「御陰岩」とよばれる岩の奥に琴引山《ことびきやま》神社が祀られているなど、琴引山は古代祭祀の謎を秘めたパワースポットなのかもしれない。

琴引フォレストパークスキー場入口の手前にある**駐車スペース**からスキー場に入り、階段を上がって、左に見えるリフトに沿ってゲレンデの中を登っていく。製氷棟の横まで上がると、左手に**登山道入口**が見えるので、ここから樹林帯の中に入る。

琴引山の由来が書かれた解説板を見て、緩やかに歩いていくと、沢に沿うようになり、「十畳岩」とよばれるテーブル状の岩に着く。さらに登っていけば**「弦の清水」**とよばれる小さな滝を右岸に渡り、沢から離れると前方に大《おお》神岩《かみいわ》が見えてく

北北西の麓から眺める琴引山

琴引山頂上から眺める大万木山と沖の郷山

弦の清水をすぎると大神岩が近い

■**鉄道・バス**
往路・復路＝公共交通機関はなく、マイカーが現実的。

■**マイカー**
松江自動車道雲南吉田ICから県道38号を左折。道なりに走り国道54号に出て左折して、晴雲トンネル、頓原の中心地をすぎると、ほどなく右手に琴引フォレストパークの誘導看板がある。それにしたがって左折し、道なりに進むと登山口となるスキー場に着く。スキー場入口の手前右に数台の駐車スペースとスキー場の広い駐車場が利用できる。

■**登山適期**
4月から11月が登山適期で、新緑の5月ごろ、頂上にツツジの咲く6月上旬や紅葉の10月下旬から11月上旬ごろがよい。

■**アドバイス**
▽頂上へは琴引山神社の石段を上がり、巨岩にはさまれた参道から社殿の横を通って頂上への登山道に合流することもできる。

琴引山神社

▽登山コースはほかに大万木山方面からの和恵（わえ）縦走路や野萱（の

CHECK POINT

琴引フォレストパークスキー場に入り、リフトに沿って登る

▼

第一リフト終点から右の林にある登山道へ入る

▼

神秘的な大神岩。大国主命の琴はここにあったともいわれる

▼

頂上では飯南町のマスコット「いーにゃん」が迎えてくれる

▼

琴の岩屋と社。この岩屋に大国主命の琴があったといわれる

▼

鳥居のある敷波登山口から町道を西に歩いて起点に帰る

る。岩屋のような神秘的な雰囲気のただよう大神岩をすぎ、つづら折りを登ると敷波《しきなみ》からの登山道との**分岐**がある。右に登るとすぐに琴引山神社があり、巨岩と社殿を左に見ながら登っていけば、狭い**琴引山**の頂上に着く。

展望は抜群で、360度の視界が開ける頂上には、尼子経久が戦勝を祈って建てたとされる宝篋印塔と思われる礎石が残り、その上にケルンのように石が積まれている。元の塔石は斜面の林の中に転がっているのかもしれない。

下山は**分岐**まで引き返し、敷波方面へ向かう。しばらく下ると右に上がる石段があり、その先には**琴の岩屋**と社がある。ほどなく急斜面のつづら折りを下り、沢を渡ると傾斜したスラブ状の岩場となる。左側の谷が深く切れ落ちているので慎重に通過しよう。下るにつれて緩やかになる林床の道をたどっていけば、鳥居のある**敷波登山口**に下山する。あとは車道を左に歩くと起点へ帰着できる。

かや）ルート、琴麓（きんろく）ルートがある。

▽登山口近くに山の駅「琴引ビレッジ山荘」☎0854・72・1035があり、宿泊のほか日帰り入浴ができる。キャンプ場もあるので、前日入りすれば余裕をもった登山が楽しめる。

■問合せ先

飯南町観光協会☎0854・76・9050、島根県中山間地域研究センター☎0854・76・2025

■2万5000分ノ1地形図

頓原

27

地名由来となった神話が伝わる神戸川源流の峰

女亀山

めんがめやま

830m

日帰り

歩行時間＝1時間

歩行距離＝2・3㎞

技術度

体力度

コース定数＝5

標高差＝240m

累積標高差 239m 239m

広島県との県境上にある女亀山は、島根県側からはその頂上部がわずかに見える程度で、あまり目立たない存在だが、神戸《かんど》川の源となる山で、中腹にりっぱな源流碑が立てられている。頂上一帯は島根県の自然環境保全地域および広島県の女亀山県自然環境保全地域に指定されている。小規模だが、ブナやシデの林が形成され、貴重な動植物の生息域となっている。4月ごろにはギフチョウが舞う。

上赤名《かみあかな》にある国道54号、184号の重複区間の道路標識から右下に下りる車道に入る。道なりに女神神社の前から、女亀山の案内板にしたがって進むと、しだいに谷が狭くなる。最奥の民家をすぎて、狭い轍道を進むと**登山口**の駐車スペースに着く。

自然環境保全地域の案内図を見て谷間に入っていく。すぐに小さな橋を渡り、杉の植林地を進むと、左手奥に神戸川源流の碑がある。そのうしろの斜面から清水が流れ出しているのが確認できる。

さらに登っていくと山肌を横切る**林道**に出る。林業専用道で一般車両は通行できないそうだ。その林道を渡って再び植林地に入り、下草の少ない桧林から尾根に上がり、土留めの木段をたどれば、右手がシバグリやシデ、ブナなどの自然林に、そしてほどなく左手も自然林に変わって露岩の点在する尾根道をすぎる。

その先で広島県側からの登山道と合流して祠のある**女亀山**頂上に着く。広島県が設置した「女亀山

■鉄道・バス

往路・復路＝公共交通機関はなく、マイカーが現実的。

■マイカー

松江自動車道雲南吉田ICから県道38号を左折。道なりに走り国道54号に出て左折して、晴雲トンネルを抜け、頓原から赤名まで走る。広島との県境を分ける赤名トンネルの手前、国道54号と184号の重複区間の道路標識の「上赤名」で右の道に下って入る。その先にある女亀山の案内板にしたがうと登山口に着く。

■登山適期

4月から11月ごろが適期で、4月ごろにはギフチョウも見られる。

■アドバイス

▽登山口からの歩行時間が短く、駐車スペースと車道も狭いので、女神神社を起点に歩くのもよいだろう。この場合、神社の横から両側に田んぼの広がる車道を南に歩き、分岐に設置されている女亀山登山口の案内板にしたがって進めば、徒歩約20分で登山口に着く

▽登山口まで車で入る場合も、女神神社前にある女亀山に伝わる丹塗箭(にぬりや)神話の解説板を読んで登ると、より登山を楽しむことができるだろう。

■問合せ先

飯南町産業振興課☎0854・76・2214、島根県自然環境課☎08

樹林に囲まれている女亀山の頂上

登山道のそばにある神戸川源流の碑

国道54号から女亀山の頂上部がわずかに見える

県自然環境保全地域」の解説板には「山頂からの展望もよく……」と書かれているが、ブナの大径木をはじめとする樹林に囲まれているため、展望が楽しめるのは芽吹き前の早春や晩秋のころに限られる。また、「大山が望める」とあるが、標高830メートルの女亀山からは猿政山にはばまれて、物理的に見ることは不可能だ。

下山は往路を下る。

52・22・6172

■2万5000分ノ1地形図

赤名

CHECK POINT

登山口の駐車スペースは狭いので、女神神社から歩くのもよい

2台程度しか停められない狭い駐車スペースの奥に登山口がある

神戸川源流の碑の入口。左に源流の碑があり、頂上へはまっすぐ向かう

林業専用道を渡り、道標から登山道に入る

尾根上のわずかな露岩は短いながらも登山のポイントとなっている

ブナなどの高木に囲まれている頂上には女亀山神社が祀られている

28

西ノ原から火口原を囲む峰々を結んで周回する

三瓶山① 環状縦走コース

さんべさん かんじょうじゅうそうコース
1126m（男三瓶山）（1等三角点）

日帰り

歩行時間＝3時間55分
歩行距離＝10・6km

技術度

体力度

コース定数＝22

標高差＝665m

累積標高差 ↗1068m ↘1068m

島根県のほぼ中央部に位置する三瓶山は、約4000年前まで噴火活動を続けていた火山で、中国地方では山口県萩《はぎ》市の阿武《あぶ》火山群とともに活火山と定義されている。男《お》三瓶山、女《め》三瓶山、子《こ》三瓶山、孫《まご》三瓶山の溶岩ドームおよび火山砕屑物の太平山《たいへいざん》に囲まれた火口原の室《むろ》ノ内《うち》にある鳥地獄からは極微量の炭酸ガスが噴出している。自然林に覆われた穏やかな山容ながらも、火山の鼓動が感じられる山だ。登山道も多く、自然観察の拠点となっている北《きた》ノ原《はら》をはじめ、西《にし》ノ原《はら》、東《ひがし》ノ原《はら》、三瓶温泉の四方から登ることができ、さまざまなコース設定が考えられる。ここでは西ノ原を起点に環状縦走のコースを紹介しよう。

西ノ原の広々とした芝原から道標にしたがって歩いていくと、姫《ひめ》逃池《のがいけ》にいたる中国自然歩道の分岐に出合う。そのすぐ先にある**分岐**を左の男三瓶山方向に進み、カラマツ林を左上しながら進むとつづら折りを繰り返す。

樹林帯を抜ければ眼下に西ノ原や浮布池《うきぬののいけ》が望め、ガレ気味の急坂

女三瓶山の展望テラスから室ノ内、子三瓶山方面を眺める

■鉄道・バス
往路・復路＝JR山陰本線大田市駅から石見交通バスの三瓶線に乗り、約40分で定めの松バス停下車。

■マイカー
松江自動車道雲南吉田ICから県道38号を左折。道なりに走り国道54号に出て左折して約10㌔走ると三瓶山、大田方面の標識がある。それにしたがって右折し、県道40号で三瓶山の裾へ入り、西ノ原、大田方面に県道30号を走ると広々とした西ノ原に着

CHECK POINT

1 登山口は西ノ原のシンボルになっている定めの松から

2 案内図のある分岐。この奥から左上する道を登っていく

3 ススキの草原が広がる頂上台地を行く

4 南北に細長い男三瓶山頂上では、両端からの展望を楽しみたい

5 女三瓶山下にある展望テラスから見た女三瓶山

6 展望のよい孫三瓶山の頂上。子三瓶山へは頂上標柱の横から下る

7 子三瓶山頂上部の分岐。頂上は左の先で、ササ原の踏跡をたどる

8 扇沢峠の鞍部。ここから左に下ると西ノ原に下山する

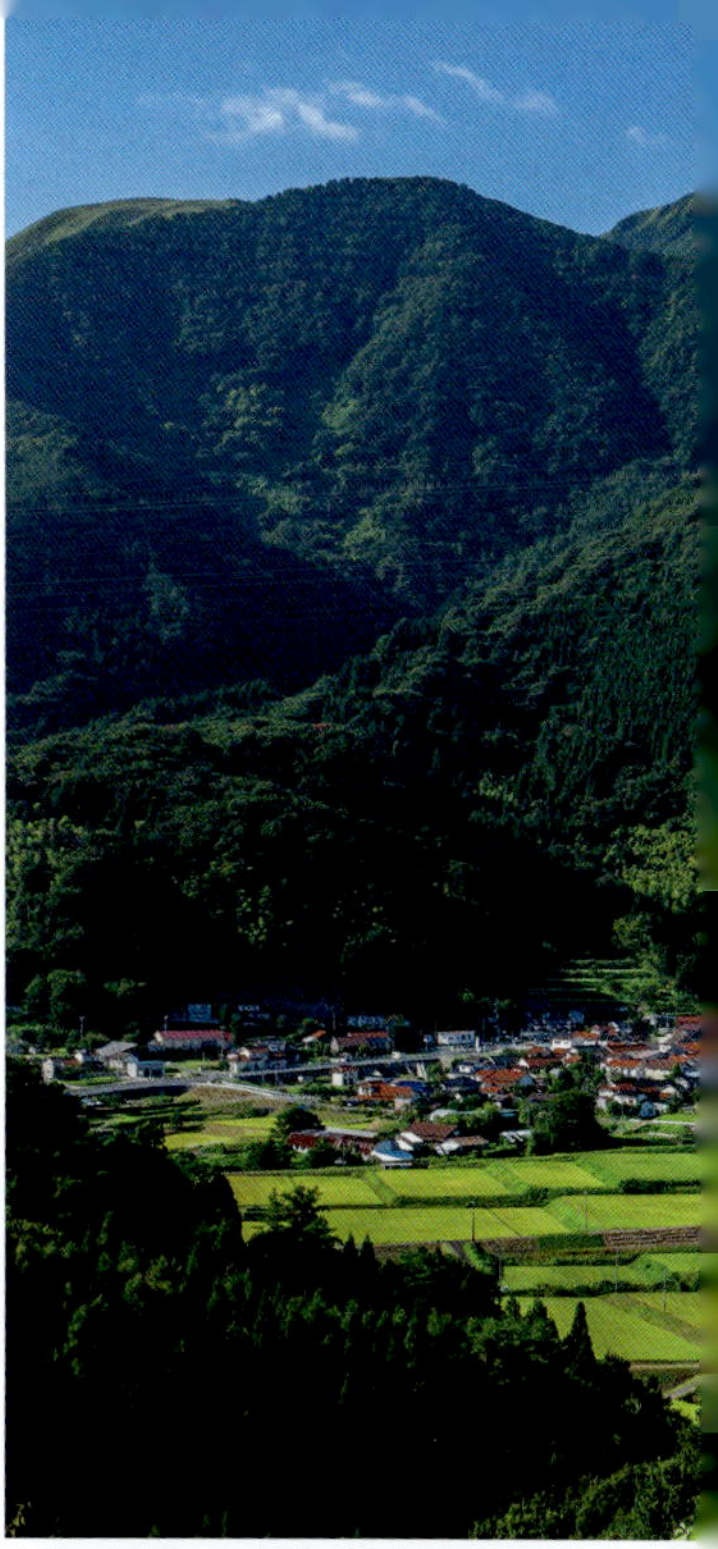
南麓に位置する志学の集落と三瓶山

女三瓶山の展望テラス

く。広い無料駐車場がある。

■登山適期

4月ごろから11月ごろが適期で、5月の新緑、11月上旬ごろの紅葉のころがおすすめ。

■アドバイス

▽2018年4月に起きた島根県西部地震の影響により、紹介コースの男三瓶山、女三瓶山間の尾根道が通行禁止となっている。復旧は未定なので、登山の際には関係機関に問合せをすること。

▽火口原の縁を忠実に回りたい場合は、扇沢峠まで上がり、左に登ると頂上台地から男三瓶山へ登れるが、急坂の道では落石に注意しながら登る必要がある。

▽西ノ原では毎年3月下旬ごろに草原の火入れが行われる。当日は入山が規制される時間があるので注意。

▽三瓶温泉には、古くからの公衆浴場、亀の湯、鶴の湯のほか、日帰り入浴ができる国民宿舎さんべ荘☎0854・83・2011や四季の宿さひめ野☎0854・83・3001がある。

■問合せ先

大田市観光協会☎0854・88・9950、大田市役所☎0854・82・1600、石見交通大田営業所☎0854・82・0662

■2万5000分ノ1地形図

三瓶山東部・三瓶山西部

頂上避難小屋と中国山地の山並み

を登る。周辺に高い山のない三瓶山は、その標高以上の高度感が感じられる。ほどなく頂上台地の緩やかな道を歩き、木製階段を登れば**男三瓶山**の頂上だ。南北に細長い頂上には両端に展望所があり、南側からは室ノ内の火口原と中国山地の山並み、北側からは日本海や島根半島が望める。

女三瓶山へは頂上避難小屋の前を通り、火口原の縁に沿った道を歩く。急な灌木帯を抜けると女三瓶山が見える。ユートピアをすぎて、すべりやすいザレ場や兜山《かぶとやま》のわずかな岩場を下る。再び灌木帯から登りにさしかかると展望がよくなり、右手に展望テラス、左上に電波塔の建つ**女三瓶山**に着く。

展望テラス横から下ると太平山との鞍部に下り立ち、緩やかな階段を登ると平坦地の**太平山**だ。そのまま歩きやすい尾根道を進めば**奥《おく》ノ湯《ゆ》峠**に着く。右に下れば鳥地獄を経て室ノ内池だ。樹林に囲まれた尾根をから急坂を上がれば**孫三瓶山**の頂上で、子三瓶山やひときわ高い男三瓶山などが望める。

頂上標柱の横から小刻みで急なつづら折りを下り、風越《かざこし》の十字路をすぎて露岩を足がかりに急坂を越えれば、緩やかな**子三瓶山**の頂上に立つ。縦走最後のピークから展望を楽しんだら、ササ原に囲まれた道を下ると、ほどなく**扇沢峠**に着く。ここで尾根をはずれて左に下ると起点とした**西ノ原**だ。

北ノ原キャンプ場
564
Start Goal
578m
三瓶自然館サヒメル
三瓶自然館前バス停
三瓶青少年交流の家
姫逃池コース登山口
北ノ原
青少年交流家前バス停
姫逃池
名号コース登山口
梅雨左衛門
303
423
権現山
423
435
581
茶臼山
485
739
三瓶山自然林
731
分岐
園地、あずまや
炭焼窯跡
炭焼窯跡
510
涸れることもある
銀明水
標高950mの標柱
名号コース
机脊
北ノ原展望所
三瓶山
男三瓶山
1126
三瓶山頂小屋
樹林を抜ける
中国自然歩道
372
496
1073
室ノ内展望所
分岐
981
ユートピア
ガレの多い急坂
西ノ原
大田市街へ
分岐
分岐
554
扇沢峠
定めの松
赤雁山
886
454
461m
Start Goal
西ノ原
定めの松バス停
子三瓶山
961
分岐
室ノ内池分岐
鳥地獄
684
分岐
風越
浮布池
502
903
孫三瓶山
奥ノ湯峠
461
418
30
461
四季の宿 さひめ野
女夫松
N
0
500m
1:25,000
517
国民宿舎さんべ荘
三瓶温泉
美郷町
458
久部
志学

29

北ノ原自然林と男三瓶山からの展望を楽しむ

三瓶山② 姫逃池コース

日帰り

歩行時間＝2時間20分
歩行距離＝6・5㎞

技術度 1/5　体力度 1/5

さんべさん　ひめのがいけコース
1126m（男三瓶山）
（1等三角点）

コース定数＝13
標高差＝548m
累積標高差　↗603m　↘603m

三瓶自然館のある北《きた》ノ原《はら》には、国の天然記念物に指定されている北ノ原自然林が広がっている。その自然林を抜けるように男《お》三瓶山に登るコースがあり、沿道では豊かな自然林はもとより、林床に埋もれた炭焼窯跡など、かつての暮らしも感じられる登山道となっている。

三瓶自然館前バス停から車道を上がると右手に駐車場があり、その奥が**姫逃池コース登山口**だ。まずはコース名の由来となっている姫逃池に寄り道してみよう。駐車場奥から遊歩道を歩くとすぐにカキツバタの群生地として知られる**姫逃池**に着く。池には浮島があり、5月中旬から6月ごろにかけて咲く花の群落がみごとだ。

登山口に戻り、アスファルト道の先で登山道に入る。アカマツ林となっているあたり一帯は、かつて広々とした放牧地だったという。今ではその面影はないが、和牛が草を食み、姫逃池で水を飲んでいる光景など、牧歌的な風景が広がっていたところだ。

↑姫逃池から見上げる男三瓶山

←新緑に包まれる北ノ原自然林の道

■鉄道・バス
往路・復路＝JR山陰本線大田市駅から石見交通バスの三瓶線交流の家行きに乗り、三瓶自然館前バス停下車。所要時間約1時間。

■マイカー
松江自動車道雲南吉田ICから県道38号を左折。道なりに走り、国道54号に出て左折、約10㌔走ると三瓶山、大田方面の標識がある。それにしたがって右折し、県道40号で三瓶山の裾へ入る。三瓶自然館方面に右折して道なりに走り、自然館の前を左折して約200㍍進むと右に無料駐車場がある。

■登山適期
4月ごろから11月ごろが適期で、5月の新緑やカキツバタの咲く6月、11月上旬ごろの紅葉期がよい。

■アドバイス
▽バス利用の場合、休日運休をあわせて上下3便ずつしかなく、入山に利用できるのは始発便、帰路に利用できるのは最終便となる。
▽マイカーの場合は、名号コース入口近くにある青少年交流の家前の駐車場も利用できるが、事務所にひと言声をかけること。
▽北ノ原にある三瓶自然館サヒメルでは、三瓶山の自然史はもとより、さまざまな企画展や観察会などが行われている。入館有料。

■問合せ先

草原の男三瓶山頂上から大江高山火山群を遠望

頂上から北ノ原方面を見下ろす

やがて自然林とカラマツ林を縫うように大きくつづら折りを描いて、緩やかに歩くようになると、カラマツ林の中に開けた、大きなあずまやのある園地に着く。その先の**分岐**で中国自然歩道を横切り、林の中に炭焼窯跡を見て、つづら折りを繰り返すと、やがて登山道は山肌を右上するようになる。

木々の間からわずかな展望を楽しみ、地衣類を多くまとったシデやミズナラ、カエデなどの林を観察しながら登っていく。標高950《メートル》の標柱をすぎるころから登山道は急登に変わり、ブナも見られるようになる。つづら折りを繰り返しながら登り、灌木帯に変われば、まもなく細長い**男三瓶山**頂上の北端に着く。

下山は頂上から避難小屋方面に少し歩き、道標にしたがって左の名号《みょうごう》コースを下る。灌木帯からブナ林に囲まれた道を歩くようになり、右の樹間越しに無線中継塔の林立する女《め》三瓶山を見て、地衣類をまとったブナの木々を観察しながら下っていく。

広葉樹林の中でつづら折りを繰り返し、点在するアシウスギをすぎる。やがてミズナラやシデが多く見られるようになり、女三瓶山からの道が右から**合流**する。北ノ原自然林のたたずまいを楽しみながら浮石の多い道を下り、中国自然歩道の分岐を右に向かうと、**名号コースの登山口**に出る。左に車道を歩けば起点の**三瓶自然館前バス停**に着く。

大田市観光協会☎0854・88・9950、石見交通大田営業所☎0854・82・0662、島根県立三瓶自然館☎0854・86・0500
■2万5000分ノ1地形図
三瓶山東部・三瓶山西部

CHECK POINT

カラマツ林に囲まれた園地は樹林の中にぽっかりと開いた空間のようだ

中国自然歩道を横切る分岐。このあたりに炭焼窯跡がある

男三瓶山の頂上にある道標にしたがって名号コースに入っていく

女三瓶山からの道と合流する分岐。左奥の建物はトイレ

中国自然歩道との分岐。右の道を下っていくと名号コース登山口に出る

名号コース登山口近くにある梅雨左衛門は昭和30年代まで信仰の対象とされていた

＊コース図は76〜77《ページ》を参照。

30

三瓶山③ 室ノ内・太平山

さんべさん むろのうち・たいへいざん

854m（太平山）

三瓶火口原の散策と太平山からの展望

日帰り

歩行時間＝2時間15分
歩行距離＝7・0km

技術度
体力度

コース定数＝11	
標高差＝317m	
累積標高差	↗503m ↘503m

↑静かなたたずまいの室ノ内池

←鳥地獄のほとりを歩く

三瓶山麓にある観光拠点のひとつである東《ひがし》ノ原《はら》には広い駐車場があり、その奥から女《め》三瓶山と太平山の鞍部まで観光リフトが運行している。行楽シーズンには多くの人々が太平山からの展望を楽しんでいる。また、作業道跡を利用した登山道もあり、三瓶山登山道の中では最も短時間で室ノ内を囲む尾根に上がることができる。

東ノ原駐車場登山口の標柱からリフト乗場を右に見て、放牧地跡のゲートを抜け、比較的若いアカマツの間を縫うように踏跡をたどっていく。やがて樹林帯に入ると、荒れた作業

■**鉄道・バス**
往路・復路＝JR山陰本線大田市駅から石見交通バス三瓶線交流の家行きに乗り、東ノ原バス停下車。所要約50分。

■**マイカー**
松江自動車道雲南吉田ICから県道38号を左折。道なりに走り、国道54号に出て左折。約10㌔走り、三瓶山、大田方面の標識で右折し県道40号で三瓶山の裾へ入り、三瓶自然館サヒメル方面に右折し、約500㍍走ると東ノ原の広い無料駐車場に着く。

■**登山適期**
4月ごろから11月ごろが適期で、5月の新緑シーズンや11月上旬ごろの紅葉期がよい。

■**アドバイス**
▽紹介コースは行動時間が短いので、室ノ内に入る前に右の道を上がり、女三瓶山にある展望テラスからの展望を楽しむのもよい。
▽観光リフトの営業は4月から11月末まで、8時30分から16時50分。
▽室ノ内一帯は国立公園の特別保護地区に指定されている。

■**問合せ先**
大田市観光協会☎0854・88・9950、石見交通大田営業所☎0854・82・0662、さんべ観光☎0854・83・2020

■**2万5000分ノ1地形図**
三瓶山東部・三瓶山西部

道跡を歩くようになる。道はほぼまっすぐに森の中を左上気味に続き、しばらく行くと大きく右に曲がり、山肌を右上するようになる。

　やがて右手に展望が開け、ゲレンデ跡やリフト、目線の高さに中国山地の山々が遠望できる。その先にリフト終点があり、道なりに行けばすぐに鞍部に着く。

　右に登れば女三瓶山、左へ行けば多くの観光客が展望を楽しむ太平山だ。まっすぐ進み、室ノ内に入っていこう。右手に室ノ内展望所をすぎて、大きくつづら折りを描きながら下ると炭焼窯跡があり、その先で火口原の底にある室ノ内池の畔を歩くようになる。

　池の端をすぎた**分岐**は、右に向かえば群生する柏林を通って扇沢峠から西ノ原へいたる道だが、ここでは左に向かう。道の右側、灌木のまばらなあたりが微量の炭酸ガスが出ている鳥地獄だ。昭和7年8月の登山記録には「殆ど植物の生育を見ない、雀4羽、蛇2匹、蝶、蛾、蝿等の昆虫類は無数に死んでいるのを見ることが出来た」とある。今は草が茂っていることから、当時と比べるとガスの噴出量は減っているのかもしれない。また、古くは室ノ内に大乗寺《だいじょうじ》というお寺があり、江戸末期か明治初期ごろに麓の志学《しがく》に下ろされたという。同登山記録には池から扇沢峠方面に3丁の左側に基礎石らしきものがあったという記載もある。

　鳥地獄の先にある分岐を左に登り、**奥《おく》ノ湯《ゆ》峠**で再び火口原の縁に上がる。樹林に囲まれた尾根を左にたどればやがて視界が開けて、展望のよい**太平山**に着く。展望を楽しんだあとは鞍部まで下り、右に観光リフト横から往路を下る。

太平山から眺める男三瓶山

CHECK POINT

東ノ原駐車場から眺める女三瓶山と太平山。登山道は左に大きく「く」の字を描くように登っている

牧柵のゲートを抜けて放牧場跡を歩く

観光リフト終点から緩やかな道を歩くとすぐに鞍部がある

室ノ内池をすぎた先にある分岐。ここから左に歩くとすぐに鳥地獄がある

奥ノ湯峠。かつて峠越えの道があったが、南側はササに覆われ道の痕跡も感じられない

展望のよい太平山頂上

＊コース図は76〜77ページを参照。

31 世界遺産の頂は竹林の回廊
仙ノ山

せんのやま
538m

日帰り

歩行時間＝3時間5分
歩行距離＝10・5km

技術度

体力度

コース定数＝**18**

標高差＝358m

累積標高差 840m 840m

西に隣接する矢滝城山から眺める仙ノ山

仙ノ山は2007年に世界文化遺産に登録された石見銀山遺跡の中心部、銀山柵内《さくのうち》にある。山腹には龍源寺《りゅうげんじ》間歩《まぶ》や大久保《おおくぼ》間歩など、多くの坑道と、石銀《いしがね》集落跡をはじめとして、銀生産の遺跡がそこかしこに見られる。ほとんど手つかずの仙ノ山頂上部付近は、うっそうとした竹林に覆われ、その中に続く登山道は、ほかでは感じられない独特な雰囲気を漂わせている。

世界遺産センターの左を回りこみ、遊歩道を上がると休憩所をすぎ、**展望台**で林道仙ノ山線に出合う。この地方の特産、石州瓦の廃材を利用した舗装路や砂利道をしばらく行くと、石銀集落跡の平坦地が右手に、林道の先で**石銀千畳敷**に突き当たる。

頂上へは正面に見える間歩の左側から竹やぶに入る。うっそうとした竹林に開かれた登山道では、風ですれ合う音が獣の鳴き声や話し声のように聞こえ、不思議な感覚にとらわれる。やがて道は左へ曲がり、平地を数段上がれば灌木に囲まれた**仙ノ山**の頂上だ。

ひと休みしたら**石銀千畳敷**まで引き返し、左に遊歩道を歩く。井戸の遺構をすぎると竹林に入り、ほどなく植林地から米《こめ》カミ岩《いわ》の先で照葉樹林帯をつづら折りに下る。

急な下りをすぎ、古い墓所が見られると、佐毘売山《さひめやま》神社の横から舗装路に出る。右に下り、龍源寺間歩入口方面に左に上がると、ま

うっそうとした竹林に続く登山道

■鉄道・バス
往路・復路＝JR山陰本線大田市駅から世界遺産センター行き石見交通バスで約30分。JR仁万駅前からは世界遺産センター行き石見交通バスで22分。また、広島駅新幹線口から大田市駅行きの石見銀山号に乗り2時間25分で世界遺産センター下車。

■マイカー
大田市街地から国道375号を三瓶山、美郷方面に進み、県道46号を川本方面に右折。道なりに進むと県道31号に入り、石見銀山トンネルを抜けて約700メートルで、世界遺産センターの標識にしたがい右折して上がると約500メートルで遺産センター前の広い駐車場に着く。

もなく**山吹城山登山口**だ。急な山肌の道から平坦な道、そして再び登りになれば展望が開けて**山吹城跡**の頂上に着く。

下山は、右前方に大森《おおもり》の町並みを見ながら歩き、急なコンクリート階段から日本海、三瓶山《さんべさん》を遠望しながら下る。やがて鞆ヶ浦《ともうら》に銀を運んだ銀山街道の**吉迫口**《よしさこぐち》に着く。街道を右に下れば龍源寺間歩と銀山公園を結ぶ道に**下山**する。観光客の多い道を左に進むと、観光案内所のある**銀山公園**に着く。そのまま車道を進み、五百羅漢の前をすぎてしばらくすると世界遺産センターの道標がある。それにしたがって右に入ると、**世界遺産センター**に帰着する。

CHECK POINT

三瓶山を望む仙ノ山展望台から林道を上がる

標高470メートル付近の平坦部にあった石銀集落跡

ほとんど整備されていない仙ノ山頂上

佐毘売山神社を左に見て下るとアスファルト道に出る

山吹城山の頂上。展望を楽しんでいこう

龍源寺間歩などの観光起点となる銀山公園

■**登山適期**

通年登れるが、山吹城山に植栽された桜が咲く4月上旬あるいは新緑や紅葉のころがよい。

■**アドバイス**

▽「間歩」とは坑道のことで、石見銀山遺跡には1000箇所近い間歩があるという。そのほか、銀山遺跡の情報を世界遺産センターで得てから登山をはじめると、より充実した山登りができるだろう。

世界遺産センターの手前を左側に回りこむと遊歩道の入口がある

▽石銀千畳敷から上部はうっそうとした竹やぶの中に登山道が開かれているが、積もった竹の落ち葉はすべりやすく、鋭利になった竹の切り株もあるので注意。

■**問合せ先**

石見銀山世界遺産センター☎0854・89・0183、大田市観光協会☎0854・88・9950、大田市役所☎0854・82・1600、石見交通大田営業所☎0854・82・0662、イワミツアー☎082・248・1830

■**2万5000分ノ1地形図**

仁万

32

矢滝城山

銀山街道を見守る山城跡は絶好の展望地

やたきじょうざん
634m

日帰り

歩行時間＝55分
歩行距離＝2・6km

技術度

体力度

コース定数	=6
標高差	=244m
累積標高差	341m（登り） 341m（下り）

湯里川の河口付近から見る矢滝城山

谷をはさんで対峙する矢筈城址や馬路高山を見る

山陰《さんいん》自動車道の仁摩《にま》・温泉津《ゆのつ》道路湯里《ゆさと》付近から南東を眺めると、お椀を伏せたような山々が眺められる。２００万年から70万年前の火山活動によって形成された溶岩ドームで、『まんが日本昔ばなし』の映像を連想させる山並みだ。その一山である矢滝城山は、銀山街道の温泉津沖泊《おきどまり》道をはさんで対峙する矢筈《やはず》城とともに、戦国時代に銀山をめぐる争奪戦において重要な拠点だったという。頂上部にある矢滝城跡は石見《いわみ》銀山遺跡の世界遺産登録範囲に含まれているが、遺跡の主要エリアからは離れているため、観光客が訪れることはほとんどない。しかし、銀山のある仙《せん》ノ山《やま》から積出港の沖泊方面まで一望できる絶好の展望地で、重要拠点だったことがよくわかる。

矢滝トンネル東側にある**登山口**から登っていく。駐車場から杉の植林地に入ると、すぐにつづら折りとなり、右手真下に停めた車が見えて、石でも落ちれば車に当たりそうな感じだ。落石をおこさないよう慎重に登ると、ほどなく尾根上に立つ。尾根を南にたどると大江《おおえ》高山《たかやま》火山群の主峰・大江高山へと続いているが、登山路はない。

緩やかになった尾根道をアカメガシワやヤマボウシ、エゴなどの二次林を見ながら緩やかに登っていく。やがて幹の大きな木々も見られるようになり、右に桧の植林が続くようになる。ロープが設置された急坂を登りきると、その先にベンチがあり、趣のある木立と樹間からわずかに展望が楽しめる。

木立の間を抜け、登山道は急峻な尾根を避けるように、山肌を右上するようになる。急傾斜の山肌をしばらく右上していくと、左の樹間から空が透けて見えるようになり、郭跡の尾根上に出る。ここからいく段かの郭跡をたどれば、役目を終えて久しい電波塔の建つ広い**矢滝城山**頂上だ。立ち位置を変えれば３６０度が見わたせ、北

■鉄道・バス

往路・復路＝登山口までの公共交通機関はないので、マイカー利用となる。

■マイカー

CHECK POINT

1 登山口には矢滝城跡の解説板と数台の駐車スペースがある

2 緩やかな尾根にはベンチと趣のある木立が続く

3 城址直下の急峻な山肌では、道を踏みはずさないよう足もとに注意

4 頂上には古い電波塔の建物があり、休憩所として利用されている

東には仙ノ山の向うにひときわ高い三瓶山《さんべさん》が眺められる。

展望を満喫したら下山は往路を戻る。

頂上から大江高山火山群の山々を見る

山陰自動車道（仁摩・温泉津道路）の湯里ICを降り、国道9号を松江方面に右折する。約400メートル先の湯里駅前から県道201号に右折して、山陰道の高架をくぐり、道なりに進む。やがて正面に矢滝城山が望めるようになり、さらに道なりに走り、矢滝トンネルを抜けると右手に駐車スペースのある登山口に着く。

■**登山適期**

通年登れるが、頂上からの展望がポイントとなる山なので、大気の澄んだ日に登りたい。

■**アドバイス**

▽短時間で登れるので気軽に登山が楽しめるが、登山口の上部付近や城跡直下には急峻な箇所もあるので、足もとに充分注意して登る必要がある。

▽頂上にある電波塔跡の建物は休憩所として利用され、2階からも展望が楽しめるが、老朽化が進んでいるので充分注意すること。

▽登山口の駐車スペースが満車の場合は、矢滝トンネル西側出口の路側帯を利用する。

■**問合せ先**

祖式まちづくりセンター☎0854・85・2362、大田市観光協会☎0854・88・9950、大田市役所☎0854・82・1600

■**2万5000分ノ1地形図**

仁万・大家

33

ギフチョウが舞う展望の頂へ

大江高山

おおえたかやま
808m（1等三角点）

日帰り

歩行時間＝2時間45分
歩行距離＝8・0km

技術度
体力度

コース定数＝15
標高差＝553m
累積標高差 756m 756m

登山口の山田コース入口から見る大江高山

大江高山頂上から矢滝城山と馬路高山を見る

三瓶山《さんべさん》から西を、あるいは石見《いわみ》冠山《かんざん》から北を遠望すると、周辺とは明らかに山容の異なる山群が見える。それが大江高山火山群で、約200万年から70万年前の火山活動によって形成された山陰地方屈指の火山群だ。その主峰・大江高山はギフチョウが舞う山として知られ、登山道は山《やま》田《だ》コース、飯谷《いいだに》コースが一般的で、東側からの伊勢階《いせがい》コースはほとんど歩かれていない。ここでは山田から飯谷を周回するコースを紹介しよう。

山田コース入口から棚田に沿った里道を歩き、道標にしたがって鋭角に左に上がれば、携帯電話基地局の先に**登山口**がある。植林地に続く登山道は、やがて自然林との境を右に直上して、急峻な山肌をいく度もつづら折りで登る。

中国山地の山並みが望めるようになると、登山者をねぎらう言葉が書かれた古い案内板に出合う。少しだけ緩やかになったと感じられる急斜面を、さらにつづら折りで登ると、海岸線に並ぶ風車が左手に遠望できる。そして尾根をたどると頂稜部の西端、標高779メートルの**展望地**に着き、矢滝城山《やたきじょうざん》や三子山《みつごやま》など火山群を構成する山々の

■鉄道・バス
往路＝JR山陰本線大田市駅前から石見交通大森・大家線の大家回転場行きに乗り約1時間で山田バス停へ。復路＝飯谷バス停から石見交通の大田バスセンター行きに乗り、約1時間で大田市駅前。

■マイカー
山陰自動車道（仁摩温泉津道路）石見福光ICを降りて国道9号を松江・出雲方面に右折。約1・5キロ先で県道32号を川本方面に右折し、約8キロ先の井田集落にある大江高山、石見銀山の標識にしたがい左折。突き当たりを右折して県道177号を道なりに進むと県道46号を走るようになり、左前方に大江高山が見えるようになれば、山田バス停と山田側登山口の案内図がある。消防団格納庫前の広場に数台の駐車スペースがある。

■登山適期
3月下旬から11月ごろが適期で、4月上旬ごろにイズモコバイモ、4月上旬から5月上旬ごろにかけてギフチョウが見られる。

■アドバイス
▽バス利用の場合は便数が少ないので、事前に運行状況を確認すること。
▽伊勢階コースは道標はあるが、ほとんど歩かれていない。登山道は不明瞭なので一般的ではない。
▽飯谷コースの下りは急峻で、雨後などはすべりやすい。不安がある人は

眺めが印象的だ。
木々に囲まれたアップダウンを繰り返す頂稜は、4月ごろならギフチョウの乱舞を見ることができる。やがて両側が切れ落ちた馬ノ背の鞍部をすぎ、右に展望が開ければ、まもなく**大江高山**頂上に登り着く。

下山は三角点から少し東に歩いた展望地右側から下りはじめよう。しっかりした道が尾根沿いに続き、ほどなく分岐の道標に出合う。尾根上に続く踏跡は伊勢階コースで、下山道は右の斜面を下るので間違わないように。

岩場や露岩の多い急峻な道を慎重に下ると大砲岩《たいほういわ》の道標があり、ここでやっとひと息つける。かつては大砲岩が望めたと思われるが、今では木々に覆われて見ることができない。再び急坂を下ると右の谷に下りて、植林帯をたどれば山辺八代姫命《やまべやしろひめのみこと》神社に出る。**神社駐車場**から里道を下って**飯谷コース入口**の県道に下山する。

山田コースを引き返した方が安全だ。

頂上の案内板の写真に何度もアタックするギフチョウ

イズモコバイモ

■問合せ先
大代高山会☎0854・85・2204、大田市役所産業振興部観光振興課☎0854・88・9237、石見交通大田営業所☎0854・82・0662

■2万5000分ノ1地形図
大家

CHECK POINT

携帯電話基地局の先にある登山口。すぐに山道に変わる

779メートルピークにある展望地。火山群の山々が望める

大江高山の頂上。三角点の東側には展望地がある

道標のある分岐。飯谷へは右に急坂を下っていく

荒れた植林地を下ると山辺八代姫命神社の裏側に出る

飯谷側登山道入口。バスの場合はこの前にバス停がある

タタラ製鉄の痕跡からピラミダルな尖峰に立つ

冠山（石見冠山）

かんざん（いわみかんざん）
859m

日帰り

歩行時間＝2時間15分
歩行距離＝6・0km

技術度
体力度

コース定数＝13	
標高差＝605m	
累積標高差	↗712m ↘712m

石見冠山頂上部と遠方に大江高山火山群

島根県の雄峰・三瓶山《さんべさん》から南西方向を遠望すると中国山地の山並みの中にピラミダルな山容が目に留まる。それが冠山で、通称「石見冠山」とよばれている。一般的な野原谷《のんばらだに》登山口からのコースを紹介しよう。

「山頂へ3キロ」と書かれた大きな道標がある**野原谷登山口**から、よく踏まれた登山道に入る。緩やかな登りから山肌を巻くほぼ水平の道を歩くようになる。この道はカンナ場に水を送る水路跡のようで、水路跡は南側の樹林の中へ続いている。炭焼窯跡や水路の痕跡を探りながら、大きく山肌を回りこむと沢に着くが、民家の水源となっているので、汚さないように注意したい。

沢を左に渡り、植林の中を登るとすぐに足もとに鉄滓が転がり、炭焼窯跡が見られる。ここから先、沢に沿って登っていくが、いくつもの炭焼窯跡や鉄滓が登山道沿いに見られる。リョウメンシダに覆われているため、炉跡を探すのは難しいが、散在する鉄滓からいくつかのタタラ場があったことがうかがえる。

やがて大きなメタセコイヤの木をすぎると、水量の乏しい沢を左に渡る。続いて右に渡ると登山道は急になり、谷状の植林地を登る。植林の中に1本だけあるコウヨウザンを左に見て、急坂を登っていくと、**「鯛之助《たいのすけ》」とよばれるタタラ場跡**に着く。頂上へは

■鉄道・バス
往路・復路＝広島・大田間を結ぶ石見交通高速バスが断魚渓バス停を通るが、広島発便を利用する場合、日帰り登山は時間的余裕がない。一般的にはマイカー利用となる。

■マイカー
浜田自動車道瑞穂IC出口から矢上方面に県道5号を左折。道なりに県道327号に入り、原山トンネルを抜けて国道261号に向かう。国道を左折し、約500メートル先にある冠山の誘導標識にしたがうと野原谷の冠山登山口に着く。駐車は防火水槽の奥に2〜3台程度のスペースがある。

■登山適期
4月から11月ごろ。新緑や紅葉シーズンがよい。

■アドバイス
▽深篠川キャンプ場から野原谷登山口まで、深篠川沿いに自然観察路がある。渓谷美やタタラ跡、カンナ流しの遺構など、見どころは豊富だが、荒れている場合もあるので注意。
▽主尾根の分岐から高原方面の道はかなり荒れている。
▽頂上から最高点ピークとの間に展望のよい岩棚があるので、頂上がこみ合っている場合はこちらですごすのもよい。
▽於保知盆地の西端にある香木の森公園に、いわみ温泉・霧の湯☎0855・95・3505がある。

夜明けを迎える石見冠山

左に折れて尾根上を登っていく。植林と分かれ、ナツツバキやアベマキ、リョウブ、ミズナラなどの二次林に囲まれた急な道となる。道沿いのミズナラやアベマキは太い根元から数本の幹が育つ萌芽更新の木々が多く見られ、薪炭材として利用されてきた痕跡が感じられる。

やがて右手に外傾した岩棚があり、頂上部や於保知《おおち》盆地が眺められる。この少し先でわずかに下るが、再び急坂を登って、山肌を右に横切るように登る。まもなく丸木橋がかけられた急な沢を渡ると主尾根の分岐に着く。道標にしたがって右に行くと、このコースで最大の急坂を越えて展望のよい**冠山**頂上に着く。

下山は往路を引き返す。

■問合せ先
邑南町観光協会☎0855・95・2369、石見交通大田営業所☎0854・82・0662、イワミツアー広島支店☎082・248・1830、深篠川キャンプ場☎0855・95・0352

■2万5000分ノ1地形図
木路原・川本・矢上・出羽

CHECK POINT

1 起点となる野原谷の登山口。駐車は地元の迷惑にならないように

2 登山道にあるメタセコイヤ。このあたりにも炭焼窯や鉄滓が見られる

3 標高525㍍にある鯛之助タタラ跡地には2段の平地があり、鉄滓が転がっている

4 展望岩からは頂上部や於保知盆地が望める

5 主尾根の分岐。ここから右に急坂を登ると頂上に出る

6 狭い冠山頂上からは360度の展望が楽しめる

35

山登りの楽しさを教えてくれる名低山
室神山（浅利富士）

むろがみやま（あさりふじ）
246m（248メートル＝最高点）

日帰り

歩行時間＝50分
歩行距離＝4・0km

技術度
体力度

コース定数＝**4**
標高差＝121m
累積標高差 ↗170m ↘170m

均整のとれた室神山

「浅利《あさり》富士」の愛称でよばれる室神山は、標高250メートル足らずの低山で、ハードな登山を求めるには物足りない山だ。しかし気持ちのよい登山道と、少しスリルのある岩場、そして短時間の登山にもかかわらず、雄大に広がる展望など、山登りの世界に興味をもつきっかけとなったのはこんな山だったという登山者も多いかもしれない。

少年自然の家の体育館前を上がると山ぎわに冒険の森コースの案合図があり、その右に浅利富士登山コースの道標が立っている。この道は高仙《たかせん》地蔵尊の参道で、幅60センチほどのコンクリート道が林の中へ続いている。オリエンテーリングコースも重複しているので、いくつかの枝道があるが、間違うことはないだろう。

掃き清められたように清潔感のある道を歩いていけば、轍の残るみんなの森コースを横切る。前方に均整のとれた室神山が見え、右手に展望が広がると、再びみんなの森コースを横切る。山腹を周回しているこの道は、平成10年ごろに松枯れ被害の拡大を防ぐ作業道としてつくられ、その後は自然観察路として利用されていると聞く。

その先で溜池跡の窪地をすぎると、地蔵が祀られる「ばあさん井戸」がある。娘を追いかけて来たおばあさんとおじいさんがここで息絶えたという悲しい話しが残っている。その上であずまやと「じいさん井戸」への道をすぎると広い岩棚の**展望台**があり、江津《ごうつ》市街地や日本海の水平線、島《しま》の星山《ほしやま》などが一望のもとに見わたせる。

展望台の上から右の参道と分かれて、まっすぐ登っていく。登山道らしくなった道に入ると、すぐに簡単な岩尾根を登るようになるが、山登りの楽しさが感じられる場所だ。北側の岩場には古いボルトが埋めこまれている。

ほどなく緩やかな尾根道をたどると、展望のよい旧地蔵堂跡の**室神山**頂上に着く。そのまま尾根をたどれば、すぐに高仙地蔵のりっぱな御堂がある。

下山は御堂の前から右に参道を下り、**展望台**の上から往路を引き返す。

■鉄道・バス
往路・復路＝公共交通機関はなく、マイカーが現実的。

■マイカー
国道9号江津バイパス東口信号を東に入り、県道302号の要所にある島根県立少年自然の家の標識にしたがう。少年自然の家の駐車場を利用できるが、事務所にひと言声をかけること。

登山起点となる少年自然の家

■登山適期
通年登れるが、冬は季節風が強く寒

CHECK POINT

1 登山口の案内図。右の高仙地蔵堂の参道に入るとコンクリート道が続く

▼

2 みんなの森コースを横切り高仙地蔵堂の参道に入る

▼

3 ばあさん井戸は自然にできた穴で水は年中涸れないという

▼

4 展望台の岩棚は絶好の休憩ポイント。岩棚を巻く参道は左側にある

▼

5 高仙地蔵堂。三角点は地蔵堂の左前にある

展望台の岩棚は絶好の休憩ポイント

いので、穏やかな春や秋がおすすめ。

■アドバイス

▽室神山は後期中生代から古第三紀に噴出した火山性堆積物の残丘だ。ばあさん井戸は人工的のように見えるが、自然にできた穴で、深さ80《センチ》あるという。じいさん井戸はあずまやの先を左に入ればすぐ。

▽三角点は地蔵堂の前にあるので、頂上の標高は248《メートル》程度と思われる。

▽高仙地蔵堂は小さな御堂だったが、信者の増加に伴い、昭和48年ごろに建て替えられた。その時の資材は南麓からケーブルを張って上げられたと聞く。

▽室神山を周回するみんなの森コースは起伏の少ない道で、1周約50分、大江高山火山群などが眺められる。

■問合せ先

江津市観光協会☎0855・52・0534、少年自然の家☎0855・52・0716

■2万5000分ノ1地形図

浅利・江津

36

有福温泉の背後にある史跡と展望を楽しむ山

本明山

ほんみょうざん
417m

日帰り

歩行時間＝1時間35分
歩行距離＝4・2km

技術度

体力度

コース定数＝8

標高差＝293m

累積標高差 337m 337m

本明大橋から見る本明山

本明山は江津《ごうつ》市の史跡および名勝に指定され、歴史と展望の楽しめる山として親しまれている。鎌倉時代に築かれたとされる本明城のあった山頂には金毘羅《こんぴら》神社がある。戦後しばらくまで、祭りの日には出店が立ち、遠方からの参拝者も多く、行列ができるほどにぎわっていたという。その山頂からは日本海の海岸線に並ぶ風車や島《しま》の星山《ほしやま》などの展望が楽しめるので、大気の澄んだ日に登りたい山だ。

根元から枝分かれした木々の間に続く道

本明城址登山マップの**案内板のある広場**横から、谷あいに築かれた棚田に続く道を行き、最終民家の右が**登山口**だ。庭先の駐車スペースは民家の御厚意で停めさせていただけるので、道は狭いが、ここまで車で来るのもよいだろう。

登山道に入り、猪除けのゲートを抜けて植林地に続く急な道を登ると、リョウブやツツジ、ナラ、シキミなどの二次林を歩くようになる。広い溝状の道が続き、根元から多数の枝分かれをした存在感のあるヤマモモの木をすぎたあたりから、根元で枝分かれしたさまざまな木々が見られ、どのような成長過程を経たのか、興味深い。

やがて左から福田《ふくだ》コースが合流して植林地の先に**鳥居**がある。右からも本明西コースが合流するが、

■鉄道・バス
往路・復路＝公共交通機関はなく、マイカー利用となる。

■マイカー
山陰自動車道江津西ICから県道29号を有福温泉方面に左折。標識にしたがうと県道50号を走るようになり、有福温泉街の入口をすぎてさらに県道50号を約1・5㌔進むと、本明大橋の右たもとに本明山登山口の案内板がある。ここで右折し、本明自治会館をすぎて右折して狭い道を上がると、約300㍍先に本明城址の登山案内図がある。案内図前の広場は有福温泉の旅館「よしだや」☎0855・56・2222の私有地だが、空いている場合は、駐車中のトラブルなどいっさい問わないことを条件に駐車させてもらえる。利用の場合は電話連絡を入れておくこと。

■登山適期
通年登れる。盛夏は暑さ対策、冬は急峻な斜面に残る雪や氷でスリップしないよう注意して登りたい。

■アドバイス
▽福田コースと本明西コースは消失状態となっている。頂上から西に向かう尾根道をたどり、林道から起点に帰ることもできるが、林道が荒れている場合がある。また、尾根道の途中には、戦時中に高射砲を設置するために掘られた横穴がある。山中にはほかにも5〜6箇所あるという。

いずれも道は荒れている。ここから急登となり、つづら折りをすぎて山肌を巻くように歩いていくと、不動堂跡の水場に着く。ここには不動尊を祀った御堂があったが、2013年の台風災害で上部斜面の崩落とともに谷底に崩れ落ち、ご本尊もいまだ行方知れずと聞く。

急峻な斜面を落石に注意しながら登っていくと二の鳥居がある。左の高台は炭化米や大豆が出土した東の丸で、右に石段を登れば展望の広がる**本明山**頂上に着く。露岩の上からは眼下に登山口のある本明地区や、その先に日本海が望め、木立の中に金毘羅神社の社殿が建っている。

下山は往路をとる。

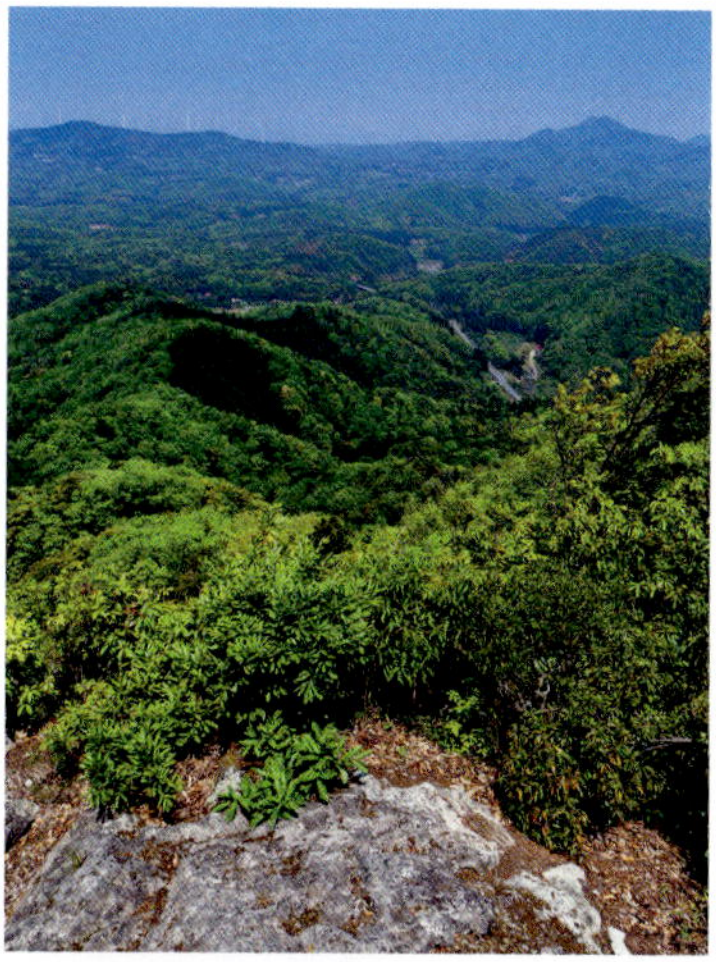
頂上からは海岸線に並ぶ風車や島の星山（右）などが望める

CHECK POINT

本明城址登山マップ前には「よしだや」所有の広場があり、条件付きで駐車ができる

民家の庭先にある駐車場。右から登山道が続いている

登山道沿いにある根元で枝分かれした存在感のあるヤマモモの木

鳥居をくぐると道は急峻になってくる

不動堂跡の水場

頂上部に建つ金毘羅神社

■問合せ先
江津市観光協会☎0855・52・0534
■2万5000分ノ1地形図
都野津

きんたの里から見る金木山

37

金木山

中世の山城跡から展望を楽しむ

日帰り

かなぎやま 720m

歩行時間＝2時間10分
歩行距離＝5・5km

技術度
体力度

コース定数＝11	
標高差＝355m	
累積標高差	↗442m ↘442m

ピラミダルな山容の金木山は、頂上部に南北朝時代の山城、金木城があった山として知られている。『那賀郡誌』によると、1336年から1562年まで200年以上もの間、要害の地であったと記され、狭い頂上には郭跡と思われる小さな平地も確認できる。頂からの展望はよく、樹林の茂る東側以外はほぼ見わたせるため、防御施設として重要な場所であったことがわかる。山肌も急峻で、おおむね直上する登山道は、低山ながらも登り応えのある山だ。

登山口は小国郷《おぐにごう》の谷あいを入った最奥にあるが、道が狭いので市道入口にある「金木山登山入口」の道標から、谷あいの景色を眺めながら登ってみたい。入口道標から150㍍ほど東側にある**小国まめな館**の駐車場に車を置かせてもらい、谷川に沿った市道に入っていく。

左にせせらぎを聞きながら進み、坂道を上がるようになれば、目の前に滝が見えてくる。滝を眺め、山肌が迫る狭い谷あいを進むと、棚田の先に金木山が望めるようになる。やがて舗装路は轍道に変わり、物置小屋をすぎると道はますます狭くなる。小さな橋を渡ればほどなく駐車スペースがあり、その先が**登山口**だ。

右に鋭角に曲がり、竹林に続く登山道に入ると古い石垣がいくつか見られ、かつて人の暮らしがあったことがうかがえる。すぐに小さな沢を渡ると、祠があり、登山道は左から回りこむように続いている。ここから道は急峻となり、数本のモミの木をすぎてほぼ直登で登っていく。

ロープが設置された急傾斜の尾根を登れば、道はいったん緩やか

■鉄道・バス
往路・復路＝登山に利用できるバスはなく、マイカー利用となる。

■マイカー
浜田自動車道金城スマートICから県道41号を経て国道186号に出る。広島方面に左折して国道を約7㌔走り、県道52号を旭、小国方面に左折する。道なりに走れば約2㌔先に小国まめな館がある。駐車場は施設の好意で利用させてもらえる。また、登山道入口の道標から西に400㍍の島村抱月生誕の地、顕彰の杜公園に10台程度の駐車場があるので、こちらを起点としてもよいだろう。

■登山適期
3月から12月中旬ごろが適期で、積雪のない時期に登りたい。

■アドバイス
▽登山口まで車で入ることもできるが、車道は狭く、駐車スペースは登山口手前のほかはない。特に大きな車や車高の低い車は通行困難な場合があるので、無理をしないように。
▽農繁期には農作業をする地元車の往来もあるので、じゃまにならないようにしたい。
▽金城町の中心部にはリフレッシュパークきんたの里☎0855・42・3555がある。

■問合せ先
浜田市役所金城支所産業建設課☎0855・42・1233

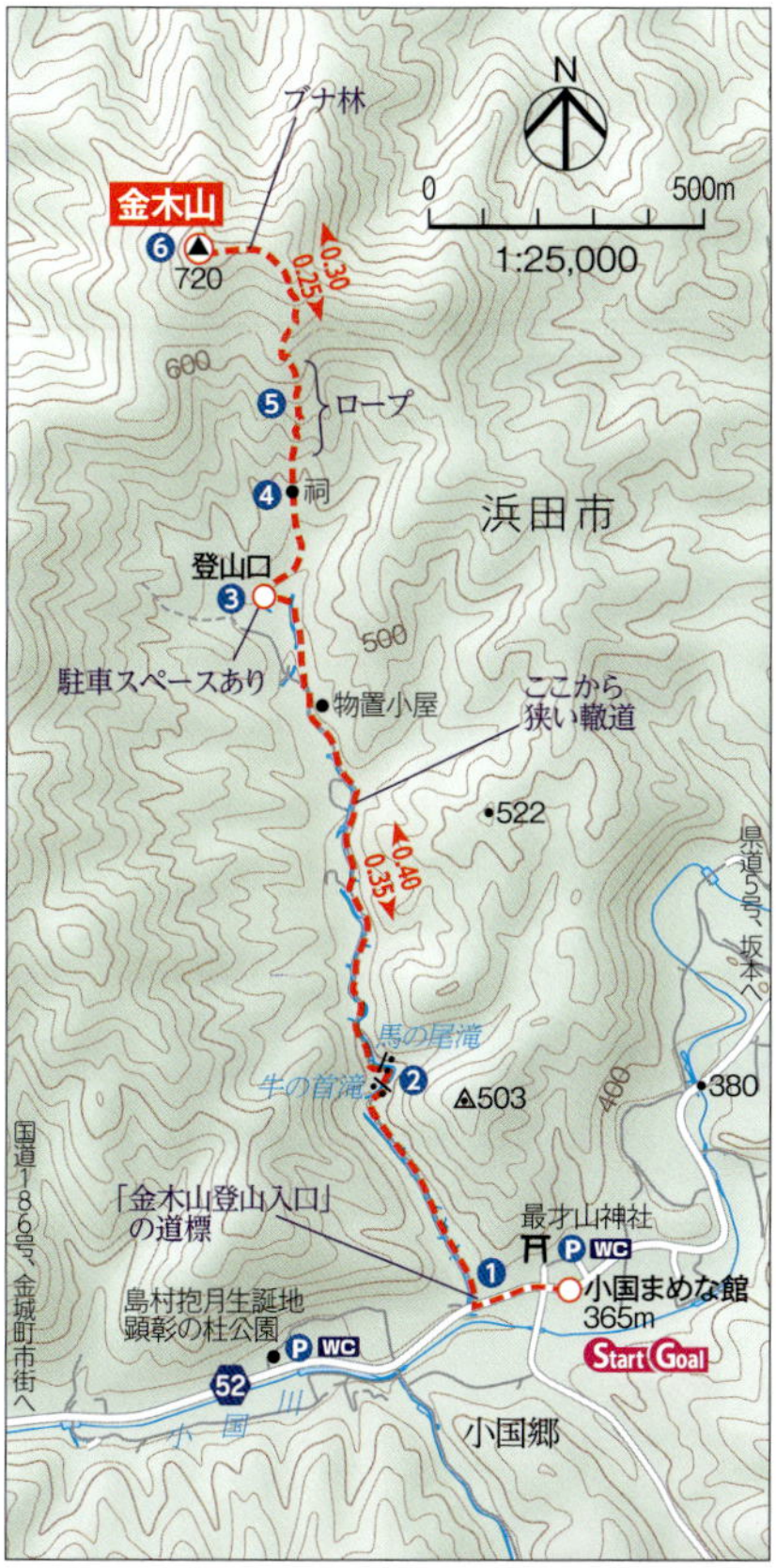

頂上から雲城山と左遠方に漁山を見る

頂上部に残るブナ

になるが、すぐに急傾斜となる。つづら折りの道がつけられ、緩やかになると、まもなく頂上部で、あたりにはブナも見られるようになる。そしてわずかな起伏をたどれば展望の広がる南北に細長い**金木山**頂上に着く。

下山は往路を慎重に下っていくが、急坂に設置されたロープがよい手助けになってくれる。

■2万5000分ノ1地形図
石見今福・波佐

CHECK POINT

1 市道入口にある道標。ここから谷川沿いの道を歩いていく

2 車道沿いにかかる2本の滝は、このコースの見どころだ

3 ここから登山道がはじまる。轍の手前に数台の駐車スペースはあるが、車道は狭い

4 森の中には小さな祠があり、登山道は左から巻くように上がっていく

5 直登する登山道にはロープが設置されている

6 展望のよい金木山頂上には、頂上の一段下に郭跡と思われるわずかな平地が見られる

38

城跡に建つ手づくりの展望台から山並みを眺める

雲城山

くもぎやま 667m

日帰り

歩行時間＝1時間45分
歩行距離＝4・9km

技術度 ■□□□□
体力度 ■□□□□

コース定数	＝**9**
標高差	＝387m
累積標高差	↗ 430m ↘ 430m

「本村（雲城村）と三階村長見との境に、雲来山あり、雲城山とも書く。されば明治二十二年、上来《かみくる》原《ばら》、下《しも》来原、七條《しちじょう》を合せて一村となしたる際、取って似て名とせるなり」と、1916（大正5）年発行の『那賀郡誌』にあり、雲城山は古くから地域の象徴だったことがわかる。頂上部には南北朝時代の城郭、雲城山城があったと伝えられていて、いく段かの郭跡らしき平地も確認できる。登山道は北麓の青原《あおばら》、伊木《いぎ》そして上来原からの3ルートがあるが、2014年に整備された上来原ルートを紹介しよう。

中《なか》来原バス停から進行方向に歩き、国道を渡り、右に田んぼを見ながら民家の前を通って山裾の道を行くと町道に出合う。車の場合はここを起点として、稲架《はで》小屋と倉庫の先から右に入り、墓地のうしろを通って登る。

すぐに山道を横切り、**登山道**に入ると、ほどなく土橋状の道を歩くようになる。左の樹間からは山里の景色が眺められ、鉄塔巡視路の分岐をすぎると、緩やかな道に変わって、左手に金木山《かなぎやま》や山里の展望が広がる。その先から道は少し急になり、高圧線の鉄塔を仰ぎ、溝状の道をたどると鉄塔巡視路分岐、そして顕著な土橋状の道が続いている。

ほどなくつづら折りの作業道を左に見て、植林の中を登ればその**作業道**が登山道を横切っている。そのまままっすぐ登るが、ここから先が整備された登山道のようだ。尾根上に続く道は急峻となり、右に展望が広がるが、植えられてまもない植林が成長すると、この展望も見られなくなるだろう。

■**鉄道・バス**
往路・復路＝JR山陰本線浜田駅前から石見交通バス波佐線に乗り、約50分で中来原バス停下車。登山に利用できる便数は少ないので、事前確認が必要。

■**マイカー**
浜田自動車道金城スマートICから県道41号を経て国道186号に出る。広島方面に左折して国道を約2キロ走ると、右手に青原の小さな道路標識がある。標識にしたがい右折して一級町道西七条上来原線に入り、約150メートル先、登山道入口付近の路側帯に停める。

■**登山適期**
3月から12月上旬ころが適期といえるが、新緑や紅葉のころの大気の澄んだ日に登りたい。

■**アドバイス**
▽紹介コースの登山口には道標が設置されていないので、入口を間違わないように。
▽ロングコースとなる伊木からのルートは、ほぼ尾根上をたどるが、定期的な草刈りがされず、ササが茂ってやぶこぎを強いられる場合がある。
▽青原からのルートは山腹に林業用の作業道が入り組んでいるので、登山道がわかりにくくなっている。こちらもやぶこぎを強いられる場合があるので、事前に役場や公民館で状況を確認するとよい。

国道186号から山里の景色と雲城山を眺める

頂上の展望台から中国山地の山並みを見る

足がかりの少ない急坂を登りきると道は緩やかになり、シデやナツツバキ、アカマツ、リョウブなどの二次林に囲まれた尾根を登る。

やがてロープが設置された急斜面を越えて、いく段かの郭跡をすぎれば展望台が設置された**雲城山**頂上に着く。単管パイプで組まれた展望台は風情に乏しいが、眺めはすばらしい。

下山は往路をそのまま戻る。

CHECK POINT

稲架小屋の横にある倉庫の前が登山口だが、道標はない

快適に歩ける土橋状の道

作業道からは尾根上の急坂を登るようになる

雲城山の頂上に建てられた展望台

▽登山口から3キロほどのところに日帰り入浴ができるリフレッシュパークきんたの里（37金木山の項参照）がある。

■**問合せ先**
浜田市役所金城支所産業建設課☎0855・42・1233、雲城公民館☎0855・42・2076、石見交通浜田営業所☎0855・27・2211

■**2万5000分ノ1地形図**
石見今福・波佐

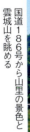

39 漁山（浅間山）

わずかの時間で登れる古の名峰から展望を楽しむ

いさりやま（せんげんさん）
714m

日帰り

歩行時間＝1時間
歩行距離＝2・7km

技術度

体力度

コース定数＝6

標高差＝258m

累積標高差 ↗305m ↘305m

南東山麓の栃木から見る漁山

頂上から大麻山を眺める

漁山頂上の標柱と浅間神社

『那賀郡誌』に「村の南東隅、高《たか》城《ぎ》村杵束《きつか》村との境に漁山という名高き山あり。田橋《たばせ》・横山《よこやま》・櫟田原《いちいたばら》・鍋石《なべいし》を合わせて、自治体をなす時、取りて村名とせり」とある。また、1876（明治9）年の古地図には漁山頂上から多くの方位線が放射状に引かれている。地理的に見て南東の隅にある山でありながら、「漁山村」と村名にしたこと、そして古地図などから、漁山は古くから有名で、360度の眺望があったことがわかる。海上からも視認でき、漁船の現在位置を確認する山立てに利用されていたという。頂上には約200年前に富士の浅間《せんげん》大社から分霊された木花開耶姫命を祭神とする浅間神社の素朴な社がある。地元では「浅間山」とよぶことが一般的で、「漁山」と尋ねてもわからない人も少なくない。また、三角点の横には昭和60年に浜田《はまだ》市観光

■鉄道・バス
往路・復路＝公共交通機関はなく、マイカー利用となる。

■マイカー
山陰自動車道浜田港ICを降り、県道34号を弥栄方面に左折。道なりに約11㌔走り、十国トンネルの手前を左の旧道に入る。道なりに約1・5㌔上がれば野坂峠手前の右に携帯電話の基地局、その左に登山口となる鳥居がある。登山口周辺に数台の駐車スペースがある。

■登山適期
通年登れるが、新緑や紅葉の時期が適している。

■アドバイス
▽頂上に祀られている浅間神社の例祭が、氏子の高齢化などにより行われなくなって久しい。そのため登山道の定期的な整備も行われなくなり、夏には登山道が草で覆われている場合もある。芽吹き前の春や晩秋のころなら歩きやすいだろう。
▽南側から登山口のある野坂峠へ向かう場合は、弥栄町野坂の県道34号にある安全運転のゲート看板の手前を右折して、道なりに進むと峠を越えて登山口に着く。

■問合せ先
浜田市観光協会☎0855・24・1085

■2万5000分ノ1地形図
木都賀

協会が立てた「十国山《じゅっこくさん》頂上」の大きな標柱がある。ただ、古い資料や地元の詳しい方に伺っても「十国山」とよばれていた歴史的事実はなく、なぜその山名の標柱が建てられたのかは、今となってはわからないらしい。

県道34号の旧道、野坂峠《のさか》が**登山口**になる。峠の少し北側にある鳥居をくぐり、暗い植林の中を右に折り返して進むと、クヌギの植栽地から登山道に入る。ほどなく植林の上端から二次林に囲まれた尾根道を登るようになる。

やがてこのルートでは比較的存在感のあるシデの大径木を見て、アカマツの目立つ林に囲まれた道を進むと、林道跡を歩くようになる。ここから緩やかに歩いていくと林道の分岐があり、頂上へは右のコンクリート舗装の道を上がる。舗装が途切れれば**漁山**山頂の浅間神社前の広場に着く。往時ほどの展望は得られないが、マイクロウェーブ反射板の横からは浜田市街地方面の展望、北西にはひときわ目を引く大麻山《たいまさん》が望める。

展望を楽しんだら往路を下る。

CHECK POINT

野坂峠にある登山口。この手前に駐車スペースがある

広い植林地の道からクヌギの植栽地に続く道に入る

この山としては比較的大きなシデの木

林道の分岐。頂上へはまっすぐコンクリートの道を上がっていく

例祭でにぎわっていたころの面影を残す頂上部のコンクリート道

頂上には浅間神社の素朴な社とマイクロウェーブの反射板が建つ

40

日晩山

いにしえの峠越えの往還道から頂へ

ひぐらしやま
743m

日帰り

歩行時間＝2時間35分
歩行距離＝8・6km

技術度
体力度

コース定数＝15

標高差＝548m

累積標高差 734m 734m

北西の波田川沿いから見る日晩山

際立ったピークのない日晩山が古くから知られていたのは、峠越えの往還道が通じていたからで、明治40年発行の『美濃郡案内』には「俗に比良山《ひらやま》といい、石見《いわみ》名所の一つ、波田《はだ》より石見地方に通ずる間道なり」「日晩山を行き交う人々の暑さ寒さを凌ぐために道のほとりに松を植えた」などと記され、日晩峠付近を「日晩山」とよんでいたとも考えられる。往還道から日晩峠、日晩山、蛇滝をめぐる周回登山コースを歩いてみよう。

登山道入口の道標にしたがい、天満宮の鳥居前を通り、民家の横から山道に入る。広い道幅から街道の面影が感じられる。やがて西光寺方面からの道が右から合流するが、しばらく歩かれていた形跡がない。その先で洗川《あらいがわ》観音の解説板をすぎると、猿田彦《さるたひこ》大神が祀られている。古くは「中休之並木」とよばれていた場所だ。

草に覆われた日当たりのよい道を歩くと、峠を越える旅人がのどをうるおしたであろう斗舛石《とますいし》の清水があり、杉林の奥に板壁のトイレが見えれば、まもなく**日晩峠**に着く。明治期に建てられた歌塚の先にあずやまと展望地がある。

あずまやの中を通り抜けて尾根伝いの道を登っていく。アカマツを主とした林の中に、エゴやリョウブ、ヤマザクラなどが見られ、林床にはササとともにクロモジやシキミなどの灌木が茂っている。それらに囲まれた尾根道をしばらくたどると**第二展望台**、そして鞍部を登り返すと展望台が建つ**日晩山**の頂上に着く。

■鉄道・バス
往路・復路＝登山に利用できる公共交通機関はなく、マイカー利用となる。

■マイカー
益田市街地から国道191号を広島・安芸太田方面に進み、県道54号を真砂方面へ右折、約5㌔先を真砂公民館方面の道を左に入る。

■登山適期
通年登れるが、新緑や紅葉、晩秋の時期が適している。

■アドバイス
▽登山口のある真砂地区は道路が狭いので、駐車は公民館または旧JA裏手の広場を利用する。
▽日晩峠を越える道は、明治32年に西側の山裾を巻く新道の秋令道（県道54号）が開通してからも、距離が近いことから多くの人が峠越えの道を利用していたという。
▽日晩峠にはかつて茶屋があったといわれ、峠の南側にやぶに覆われた平地があるので、そこに茶屋があったのかもしれない。
▽蛇滝観音堂の入口にある蛇滝の大きな石碑は、昭和42年に当時の地元若者グループが、現地に転がっていた石を利用して、自分たちで文字を彫って建てたという。観音堂へ続く単管で組まれた歩道は傷んでいる箇所もあるので、通行は慎重に。

■問合せ先

下山は展望台のうしろから蛇滝コースを下る。道標からすぐに谷筋に入り、下るにつれて沢水に沿って歩くようになる。やがて沢から離れて観察路のあった**分岐**を左に鋭角に折れる。奥に滝のかかる沢を渡って沢沿いに下ると、蛇滝観音堂への分岐がある。右に上がれば大きな石碑の先に単管で組まれた歩道が狭い廊下の中に続き、観音堂へと導いてくれる。

分岐を左に下るとあずまやのある**蛇滝広場**で、ここから車道を下って真砂公民館へ向かう。

真砂公民館☎0856・26・0002

■2万5000分ノ1地形図 都茂郷

鉄骨で組まれた日晩山頂上の展望台

日晩峠には歌塚の解説板がある

CHECK POINT

猿田彦大神は峠越えの旅人の休憩地でもあった場所で、中休之並木といわれていた

展望地にあるあずまや。近くには明治期に建てられた歌塚がある

第二展望台のピークからは樹間越しに展望がきく

日晩山の頂上には鉄筋の展望台がある

狭い廊下に設置されている単管で組まれた歩道の先に蛇滝観音堂がある

蛇滝広場からは車道を下っていく

41

柿本人麻呂ゆかりの頂から展望を楽しむ

大道山

おおどうやま
420m

日帰り

歩行時間＝1時間50分
歩行距離＝6・5km

技術度
体力度

コース定数＝9
標高差＝224m
累積標高差 452m 452m

耕地の奥に見える大道山

益田《ますだ》市の西方にある大道山は、石見《いわみ》の国ゆかりの歌人・柿本人麻呂の歌にも登場し、「打歌山《うつうたやま》」ともよばれている。車道を利用した登山道は気軽に登れることから、益田市近郊の人々に親しまれ、元旦には500人以上が参加する遥拝登山が長年続けられている。また、季節が進むにつれて直上部を彩るサクラやツツジ、モミジなどの新緑、紅葉は、展望とともに大道山の魅力となっている。

駐車場から轍道を進むと右に堤の水面を見て、杉の植林に入る。4月から5月ごろには林床にシャガの花が咲き、山肌から流れる水場をすぎて比較的高木の林に変わる。照葉樹に囲まれた道をたどるが、よく踏まれた轍道は、足もとに気をとられることもないので、周りの木々や林床の植物観察などにはうってつけだ。

やがて道の先に建物が見えれば、ほどなく**大道山**頂上広場に着く。展望のよい広場には休憩所やうつうた山神社があり、登山口のある平原《ひらはら》の集落や益田の市街地、日本海が望める。三角点はテレビ中継塔の横から植栽の中をたどるとすぐだ。

ここから薬師堂へ向かうには頂上を一周する道に向かい、道標にしたがって林に入っていく。あまり急ではないが、登山道に沿ってロープが設置されているので、道に迷う心配はない。

植林の中に続く並木道のような道を下り、道がわかりやすくなると鞍部に着く。ここには峠越の道があったようだ。道標にしたがって山肌をほぼ水平に続く道を進

■**鉄道・バス**
往路・復路＝登山に利用できる交通機関はなく、マイカー利用となる。

■**マイカー**
益田市街地から国道9号を津和野方面に向かった場合、須子町の信号を県道14号、田万川方面に右折し、道なりに県道を走る。約8㌔先に大道山登山道入口と打歌ふれあいルート案内板があるが、道が狭いので、さらに約1㌔進むと、川登下バス停の先に登山道入口の道標がある。ここで右折して橋を渡り、突き当たりを左折して、道なりに約5㌔走れば登山口駐車場に着く。

■**登山適期**
通年登れるが、頂上にサクラやツツジなどが咲く春から、新緑や紅葉の時期。遥拝登山が行われる正月もよい。

■**アドバイス**
▽往復登山の場合はスニーカーなどの歩きやすい靴でもよいが、薬師堂へ向かう場合はハイキングシューズの方が安心して歩ける。
▽薬師堂は狭い岩上に建っているので、横や裏側から展望を楽しむ場合は足もとに充分注意すること。
▽薬師堂では毎年5月8日に例祭が行われている。
▽市道川登平原線から眺められる中垣内の棚田は中世に築かれた棚田で、「日本棚田百選」のひとつ。

む。いつまで歩いても下る気配がなく、不安になったころに電柱をすぎて、薬師堂手前の道に出る。右に上がれば**一畑薬師**《いちばたやくし》社務所前の広場があり、その先に岩上に建つ薬師堂がある。

下山は、轍道を下ると車で登山口へ向かった**市道川登**《かわと》**平原線**に出て、左に行けば起点とした**駐車場**に帰着する。

CHECK POINT

大道山登山道入口。小屋の裏側に駐車場がある

大道山頂上広場には、うつうた山神社や休憩所などがあり展望がよい

頂上を周回する道を歩くと南側に一畑薬師への道標があり、ここから山道を下る

峠越えの道の痕跡が残る鞍部からは、山肌を水平に続く道を歩いていく

狭い岩上に建つ一畑薬師堂。堂の裏側からは展望が楽しめるが足もとに注意

轍道を下ると市道に出る。車が2台ある場合は回送車を停めておいてもよい

ヤエザクラ咲く頂上から登山口のある平原の集落を見る

■**問合せ先**
益田市役所☎0856・31・0100、中西地区振興センター☎0856・28・0501
■**2万5000分ノ1地形図**
江崎・石見横田

一畑薬師堂

42

春日神を祀る山頂から西中国山地の展望を楽しむ

日帰り

春日山

かすがやま
989m

歩行時間＝1時間50分
歩行距離＝5.7km

技術度 ■□□□□
体力度 ■□□□□

コース定数＝9	
標高差＝474m	
累積標高差	↗486m ↘486m

西中国山地の主峰・恐羅漢山《おそらかんざん》の西に匹見《ひきみ》川をはさんで対峙するのが春日山だ。古くは「神出《かみいで》ヶ嶽《たけ》」ともよばれ、女人禁制の山で、霊場視されていたという。山頂には春日《かすが》大社から分霊が許された春日大明神が祀られ、毎年8月5日には祭事が行われている。頂上にある解説板には、そのようないわれや経緯が詳しく記され、古くから山間に暮らす人々と深い関わりのある山だったことが感じられる。その右手からは南方向を中心に展望が開け、西中国山地の名だたる峰々が一望のもとに見わたせる絶好の展望地でもある。

眺望案内図のある頂上の展望地

頂上の展望地から西中国山地の主峰・恐羅漢山を見る

林道春日山線のこしまつ橋を渡った先から歩きはじめる。一般車両進入禁止の看板の手前にある広場の**駐車スペース**を起点にしばらく林道を歩く。落合《おちあい》川にかかる橋をいく度か渡りながら林道を上がり、みと自然の森への分岐をすぎた先の右が**登山口**だ。りっぱな道標こそないが、杉の植林地にしっかりとした道が続いているので、間違うことはないだろう。

手入れされた杉の植林地を

■鉄道・バス
往路・復路＝公共交通機関はなく、マイカー利用となる。

■マイカー
益田市街地から国道9号を津和野方面に走り、横田町の交差点で匹見方面に左折して国道488号に入る。約25㌔ほど488号を走り、落合トンネルを抜けた先で県道172号に左折。要所にある春日山登山道の標識にしたがえば、こしまつ橋の先にある駐車スペースに着く。

■登山適期
3月下旬ごろから11月下旬ごろが適期となる。

■アドバイス
▽中国自動車道吉和ICから国道488号が匹見町へ繋がっているが、2011年から島根県内のセイコ橋から小郷橋まで全面通行止めで、復旧のめどはたっていない。
▽中国自動車道から入る場合は六日市ICから国道187号、県道42号を利用。また、戸河内ICからは国道191号、県道307号経由となる。
▽みと自然の森からの登山道もあり、要所にある道標にしたがって約3㌔歩くと、登山口近くの林道に合流できる。

■問合せ先
益田市教育委員会匹見分室☎0856・56・0301、益田市匹見総合支所地域づくり推進課☎0856・

ほぼまっすぐ登ると、まもなく林道を横切り、法面の右側から木段を上がると桧の植林地に入る。下草の少ない見通しのきく林床を歩いていくと、「頂上まで1000ﾒｰﾄﾙ」の道標をすぎて、古い炭焼窯跡を左手に見る。その先にある道標のそばに山肌からしみ出す水場がある。

見通しの効く心地よい植林帯を右から左に回るように登ると、ミズナラやウリハダカエデ、リョウブ、ホオ、コシアブラ、林床にクロモジなどが茂る二次林に変わる。やがて林床をササが覆うようになり、樹林に囲まれているが、明るく広い道を行く。「頂上まで200ﾒｰﾄﾙ」、さらに「100ﾒｰﾄﾙ」の道標をすぎて、少し登り返すと春日大明神が祀られる**春日山**頂上に着く。展望地からは恐羅漢山、十方山《じっぽうざん》、安芸《あき》冠山《かんむりやま》、安蔵寺山《あぞうじさん》などの展望、そして島根県にありながら、広島県側からしか登山口に入れない広見《ひろみ》山《やま》が間近に見える。

下山は往路を下る。

谷間の林道を歩く

maps: 56・0305

■2万5000分ノ1地形図
出合原

CHECK POINT

登山起点は林道春日山線のこしまつ橋の先にある

林道から登山道に入るが、恒久的な道標はないので、見落とさないように

林道を横切ると法面の右から階段が上がっている

桧の植林に埋もれている古い炭焼窯跡には取出し口の石垣が残っている

頂上までの距離が書かれた道標は登山道に数枚設置されている

頂上に祀られている春日大明神の鳥居と祠

43 島根県内にありながら隣県からアプローチする山

広見山

ひろみやま
1187m

日帰り

歩行時間＝4時間10分
歩行距離＝11・9km

技術度 ■□□□□
体力度 ■■□□□

コース定数	＝21
標高差	＝562m
累積標高差	↗836m ↘836m

半四郎山から広見山を見る

林道沿いに見る広見川

裏匹見峡《うらひきみきょう》を通る国道488号が通行止めとなって久しく、広見山は島根県内にありながらも、広島県を経由しないと、登山口にたどり着くことができない少し変わった山だ。

国道488号の通行止め標識の手前、路側帯の**駐車スペース**を起点に、林道広見《ひろみ》線に入る。轍道をたどり、広見川にかかる小谷橋を渡れば、左の沢沿いに**半四郎山《はんしろうやま》登山口**がある。沿道には苔むした多くの石垣が見られるが、かつて広見には林業や農業を生業とした集落があり、最盛期には70戸を超える民家があったという。昭和20年代には街から一座をよんで芝居の公演も行われるほど活気があったと、子供のころにこの地で育った女性が語ってくれた。

やがて小さな沢を右に渡り、少し急になった道を登ると、下草の少ない植林地に入るが、登山道が不明瞭なところがあるので踏跡をはずさないように。植林地をすぎるとシデやミズナラの二次林に変わり、アカマツが点在するササ原からは右手に展望が開け、県境を分ける五里山《ごりんざん》や旧羅漢山《きゅうらかんざん》が望める。

ほどなく**向《むこう》半四郎山**の頂上に立ち、少し手前に戻ってササ原に続くつづら折りを鞍部に下り、灌木帯を登り返せば**半四郎山**の頂上だ。広見山のなだらかなピークを北に見て、ササ原を下り、灌木帯に入る。

やがて心地よいブナやミズナラの自然林を歩くようになる。小さな沢を渡るとササに覆われた林を抜け、緩やかに登れば**広見山**頂上に着く。県境にある恐羅漢山《おそらかんざん》や旧羅漢山、その向こうに十方山《じっぽうざん》の頂

■鉄道・バス
往路・復路＝公共交通機関はなく、マイカー利用となる。

■マイカー
中国自動車道吉和ICから国道186号を佐伯・大竹方面に向かい、約2・5㌔先で国道488号を益田方面に右折。中津谷川に沿った狭い国道を約10㌔走ると峠を越えて島根県側に入る。ますます狭く、先の見えないカーブの多くなった道を下ると約7㌔で林道広見線に出合い、左折すると通行止め標識と駐車可能な路側帯がある。

■登山適期
4月下旬から11月下旬ごろまでが適

上部が眺められる。

下山はササ原に続く踏跡を北に下ると、すべりやすい急坂となり、二次林から植林帯に入る。やがて沢を二度ほど渡り、ジョシノキビレに上がる**分岐**に着く。古い林道跡をミチガ谷に沿って下り、沢を渡れば**林道広見線**に出る。あとは広見川の景観と集落跡の痕跡を探りながら下っていけば**登山口**に帰着する。

展望のよい向半四郎山の頂上部

CHECK POINT

1 国道488号から林道広見線の轍道を歩いていく

2 半四郎山登山口。沢沿いの道を上がるといく段もの石垣がある

3 ススキ原が広がって展望のよい向半四郎山頂上

4 半四郎山頂上からは向半四郎山、広見山や県境の山々が望める

5 のびやかな広見山頂上。広島県境の山々が近くに見える

6 ミチガ谷を下って沢を渡ると林道広見線に出る

期だが、登山口までのアプローチが悪く、落石などの危険があることから、まとまった雨後や雨が予想される時の入山は控えた方がよい。

■アドバイス

▽2011年から通行止めとなっている国道488号は、裏匹見峡の区間が落石の危険度が高く、開通の目途はたっていない。匹見町側から入る場合は、大神ヶ岳の登山口をすぎ、林道三坂八郎線を道なりに進むと県境を越えて国道488号に出て、左折すれば登山口にいたる。

▽登山道は一年に一度程度の草刈りは行われているようだが、胸までのササに覆われているところもある。

■問合せ先

益田市教育委員会匹見分室☎0856・56・0301、益田市匹見総合支所地域づくり推進課☎0856・56・0305

■2万5000分ノ1地形図

出合原・野入

44

修験の面影を探り、岩頭からの展望を楽しむ

大神ヶ岳・赤谷山

だいじんがたけ 1177m
あかだにやま 1181m

日帰り

歩行時間＝2時間
歩行距離＝5.0km

技術度
体力度

コース定数＝17
標高差＝227m
累積標高差 997m 997m

岩山の少ない島根県の山々の中で、大神ヶ岳は板状節理からなる玄武岩の岩頭をもつ特異な存在だ。懸崖の基部に三坂《みさか》大明神、その少し下に山葵天狗社《やまあおいてんぐしゃ》の祠が祀られ、赤谷山とともに古くは女人禁制の霊山で、山伏の修験の場だったと伝えられている。その岩頭から眺められる迫力ある展望に加えて、潜り《くぐり》岩《いわ》や立《たて》岩《いわ》など、修験の面影を感じながらの山登りが楽しめる。

↑大神ヶ岳頂上。巨岩の上からの展望がすばらしい

←神秘的な潜り岩

登山口から「大神ヶ嶽」と書かれた鳥居をくぐり、杉の植林地の中をつづら折りで登っていく。道は山肌に沿って緩やかに左上するようになり、沢に突き当たると小刻みなつづら折りで直上する。

やがて平岩《ひらいわ》、そしてそのすぐ先に山葵天狗社の祠、さらに潜り岩を抜けて、露岩の多い急斜面を登ると、屏風のような懸崖が現れる。その基部に三坂大明神の祠が祀られ、1982（昭和57）年、第37回くにび

■**鉄道・バス**
往路・復路＝公共交通機関はなく、マイカー利用となる。

■**マイカー**
益田市街地から国道9号を津和野方面に走り、横田町の交差点で匹見方面に左折して国道488号に入る。約30キロ走り、匹見町の中心地から県道42号を吉賀方面に右折。道なりに約10キロ進み、吉和方面の小さな標識にしたがい林道三坂八郎線に左折。谷あいの道を約6キロ進むと登山口の鳥居があり、右手の駐車スペースに着く。

■**登山適期**
4月から11月ごろが適期で、新緑や紅葉のころがよい。

■**アドバイス**
▽中国自動車道を利用する場合は、吉和ICから国道186号を西に2・5キロ走り、国道488号に右折。中津川沿いの狭い道を約8キロ上がり、左に橋を渡って林道三坂八郎線に入る。狭くてカーブの多い道を慎重にたどれば、県境を越えて登山口に着ける。
▽大神ヶ岳山葵天狗社祭りが毎年6月第1日曜に行われている。頂上から踏跡を東にたどると、恐羅漢山や十方山方面が眺められる場所がある。いずれも足もとには充分注意して展望を楽しみたい。

■**問合せ先**

き国体の炬火採火地の石碑が立っている。

右の踏跡をたどると頂上部を構成する巨岩を一周できるが、ここでは左に進み、主尾根の**分岐**に上がる。右に行くと**大神ヶ岳**の頂上で、巨岩の上からは足のすくむような展望が広がっている。転落すると危険なので、充分注意して展望を楽しみたい。

存在感のある立岩

赤谷山へは、**分岐**から西に向かう。アシウスギやオオイタヤメイゲツの多い林から、植林と自然林の間を下り、小さなピークを左から巻く。やがてわずかな急登を上がると尾根上の丁字路に突き当たり、左に行けばすぐに1170㍍の展望ピークがある。右に向かうと、立岩が圧倒的な存在感をもってそびえ立っている。地元では古くから「立岩山」とよばれていたが、1987（昭和42）年発行の地形図から「赤谷山」の山名が記されるようになっている。そのピークからの展望を楽しみ、少し下って登り返せば三角点のある**赤谷山**頂上に着く。

下山は往路を戻る。

益田市教育委員会匹見分室☎0856・56・0301、益田市匹見総合支所地域づくり推進課☎0856・56・0305

■2万5000分ノ1地形図
野入

CHECK POINT

1 駐車スペースから三坂八郎林道を横切り、登山口に入る

2 懸崖の基部に祀られている三坂大明神の祠。ここから左に向かう

3 テーブル状の岩がある大神ヶ岳の頂上からは広々とした展望が広がる

4 1170㍍の展望ピークから大神ヶ岳を望む

45

日帰り

安蔵寺山① 奥谷ルート

緩やかな自然林の尾根から山頂を目指す

あぞうじやま おくたにルート 1263m

歩行時間＝3時間55分
歩行距離＝11・0km

技術度
体力度

コース定数＝**21**
標高差＝528m
累積標高差 940m 940m

安蔵寺山は県境を接しない登山対象となっている山の中では島根県の最高峰で、東麓の伊源谷《いげんだに》、南麓の高尻《たかじり》、西の滑峠《ぬめっとう》、そして北側の奥谷からそれぞれ登山道がある。その中で奥谷ルートはアシウスギやブナ、ミズナラなどの自然林が豊かに残り、それらに包まれた尾根道は、深山の自然を満喫できる安蔵寺山の代表コースだ。

奥谷駐車場の奥にある階段を上がり、林道からワサビ田に続く登山道を登ると**打原峠**《うちはら》に着く。分岐を右にとり、つづら折りを数えながら登ると、傾斜は緩やかになって、ブナやミズナラ、カエデなどの夏緑樹とアシウスギの混在する森をたどるようになる。林床にはササの絨毯が広がっているが、よく歩かれている登山道は刈り払われていて、快適に森のたたずまいを楽しむことができる。

やがて高鉢山《たかはちやま》分れの道標をすぎ、展望のない森の中を行けば林立する杉の林に変わる。時折り樹間から遠望がきくと、安蔵寺トンネルから登ってくる道が右から**合流**する。その先に「ナラ太郎」ともよばれる、推定樹齢600年、樹高30メートル、幹周り4メートル88センチで、島根県最大のミズナラ「安蔵寺山の大ミズナラ」が圧倒的な存在感をもって目の前に見える。島根県では2010年をピークにナラ枯れの被害が深刻だったが、害虫防除の成果か、ナラ太郎は健在のようだ。

ブナやミズナラの大径木、立ち枯れて久しい木々、苔むした倒木、それら自然の姿を観察しながら尾根道を歩いていく。やがて芦谷《あしたに》合流点の鞍部をすぎ、北峰のなだらかなピークから右に曲がり、中峰をすぎると三葛《みかずら》からの道が左から**合流**する。ほどなく、山名の由来となった安蔵寺があったとされる寺屋敷跡の平坦地の鞍部に着く。

ミズナラ林に続く道を登っていけば右から香仙原《こうせんばら》ルートが合流して、まもなく二又分れの分岐がある。左に向かえばすぐに**安蔵寺山**の頂上だ。南東方向に展望が開け、眺望案内図のある岩の上からは西中国山地の山々が望める。さらに二又分れの分岐を右に5分ほど行けば木製の**展望テラス**があり、頂上からも見える小五郎山《こごろうやま》や羅漢《らかん》山《ざん》、容谷山《ようたにやま》などに加えて、安芸《あき》冠《かんむり》山《やま》や寂地山《じゃくちさん》、盛太《もった》ヶ岳《だけ》、鈴《すず》ノ大谷《おおたに》山《やま》、香仙原《こうせんばら》、十種《とくさ》ヶ峰《みね》、青野山《あおのやま》などがパノラマのように展開する。

自然林に囲まれた緩やかな登山道

頂上から5分ほどのところにある展望テラスからは広々としたパノラマが眺められる

■鉄道・バス
往路・復路＝公共交通機関はなく、マイカー利用となる
■マイカー
益田市街地から国道9号を津和野方面に走り、枕瀬の信号で国道187号に左折、約8キロ先で県道189号

下山は森のたたずまいを楽しみながら往路を戻る。

南東から眺める安蔵寺山

島根県最大のミズナラのナラ太郎

CHECK POINT

1 広い奥谷駐車場。ここまでは未舗装部分のある狭い県道を上がってくる

2 ワサビ田からしばらく登ると打原峠にたどり着く

3 安蔵寺トンネルからの合流点。登山口へ5分程度で下山できる

4 安蔵寺山中峰をすぎると前方に頂上部の森が見えてくる

5 昔、安蔵寺があったと伝えられている寺屋敷跡

6 島根県内最高峰の安蔵寺山頂上。展望は岩の上から南東方向に広がる

を右折して左鐙（さぶみ）方面に入る。横道川沿いの県道を道なりに7キロ走ると「杣の里よこみち」のある上横道の集落を通過。さらに県道を6キロ進むと広い奥谷駐車場に着く。中国自動車道六日市ICからは国道187号を六日市・益田方面に向かい、26キロ先で左鐙方面に鋭角に左折して県道189号に入る。また、木部谷温泉の先から滑峠経由で上横道に入る近道もあるが、滑峠からの下りが狭くカーブが多い。

◆登山適期

4月下旬から11月下旬までで、新緑や紅葉のころがベスト。

■アドバイス

▽安蔵寺トンネルの登山口を起点とすれば、頂上まで時間短縮できるが、尾根歩きの楽しさは半減する。

▽伊源谷コースは夢ファクトリーみさから谷沿いの林道を約1・5キロ入った駐車スペースを起点とする。高尻からはゴギの郷上流部にある安蔵寺山登山道の大きな標識を起点とする。いずれもしっかりした道が頂上へと続いている。

■問合せ先

津和野観光協会☎0856・72・1771、津和野町教育委員☎0856・72・1854、杣の里よこみち☎0856・76・0004

■2万5000分ノ1地形図

安蔵寺山・石谷

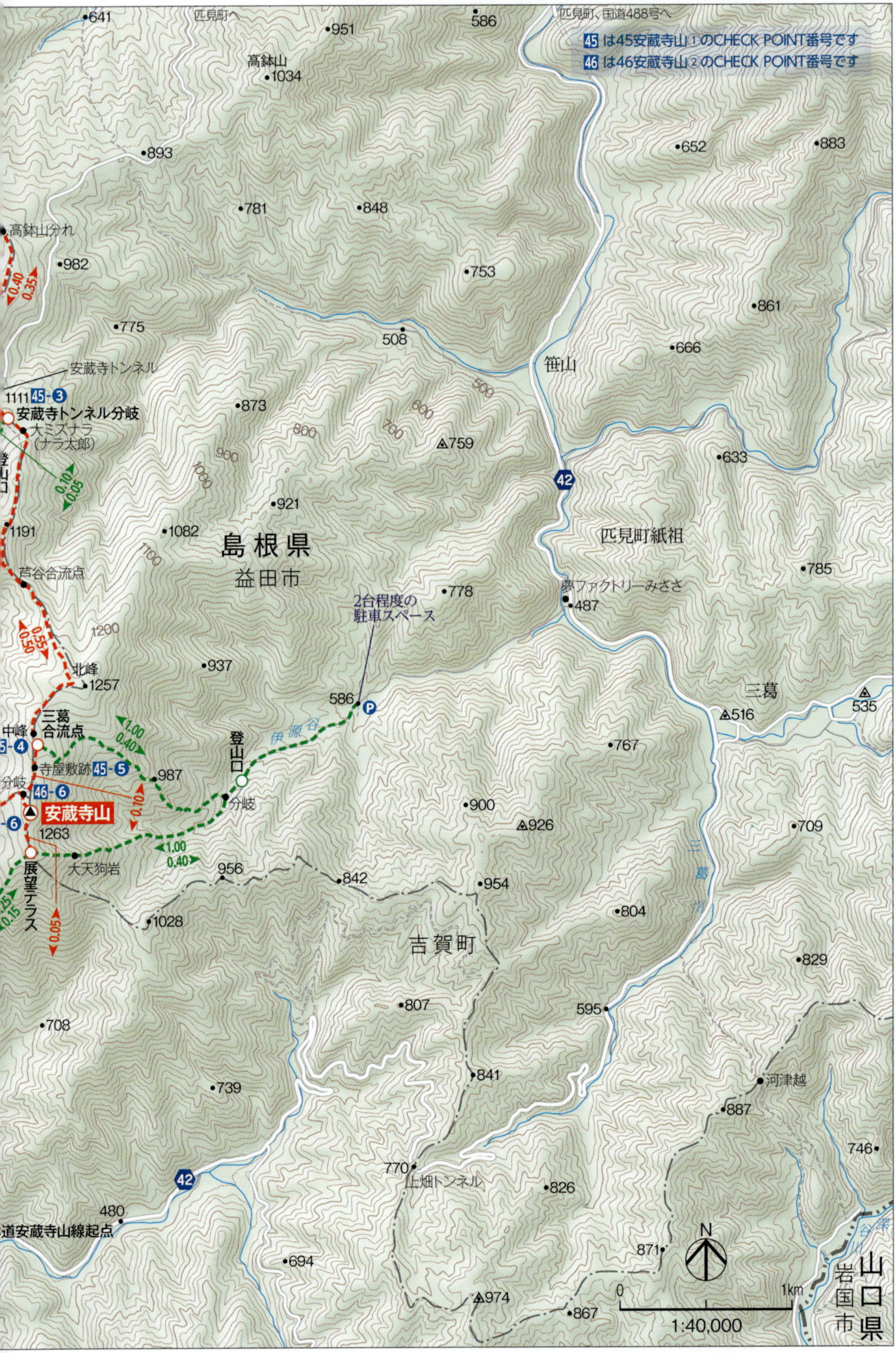

45 は45安蔵寺山①のCHECK POINT番号です
46 は46安蔵寺山②のCHECK POINT番号です
匹見町へ
匹見町、国道488号へ
高鉢山
1034
高鉢山分れ
安蔵寺トンネル
安蔵寺トンネル分岐
大ミズナラ（ナラ太郎）
笹山
島根県
益田市
匹見町紙祖
夢ファクトリーみさき
2台程度の駐車スペース
芭谷合流点
北峰
1257
三葛合流点
中峰
寺屋敷跡
分岐
安蔵寺山
1263
大天狗岩
展望テラス
登山口
伊源谷
三葛
吉賀町
三葛川
河津越
上畑トンネル
道安蔵寺山線起点
山口県
岩国市
1:40,000

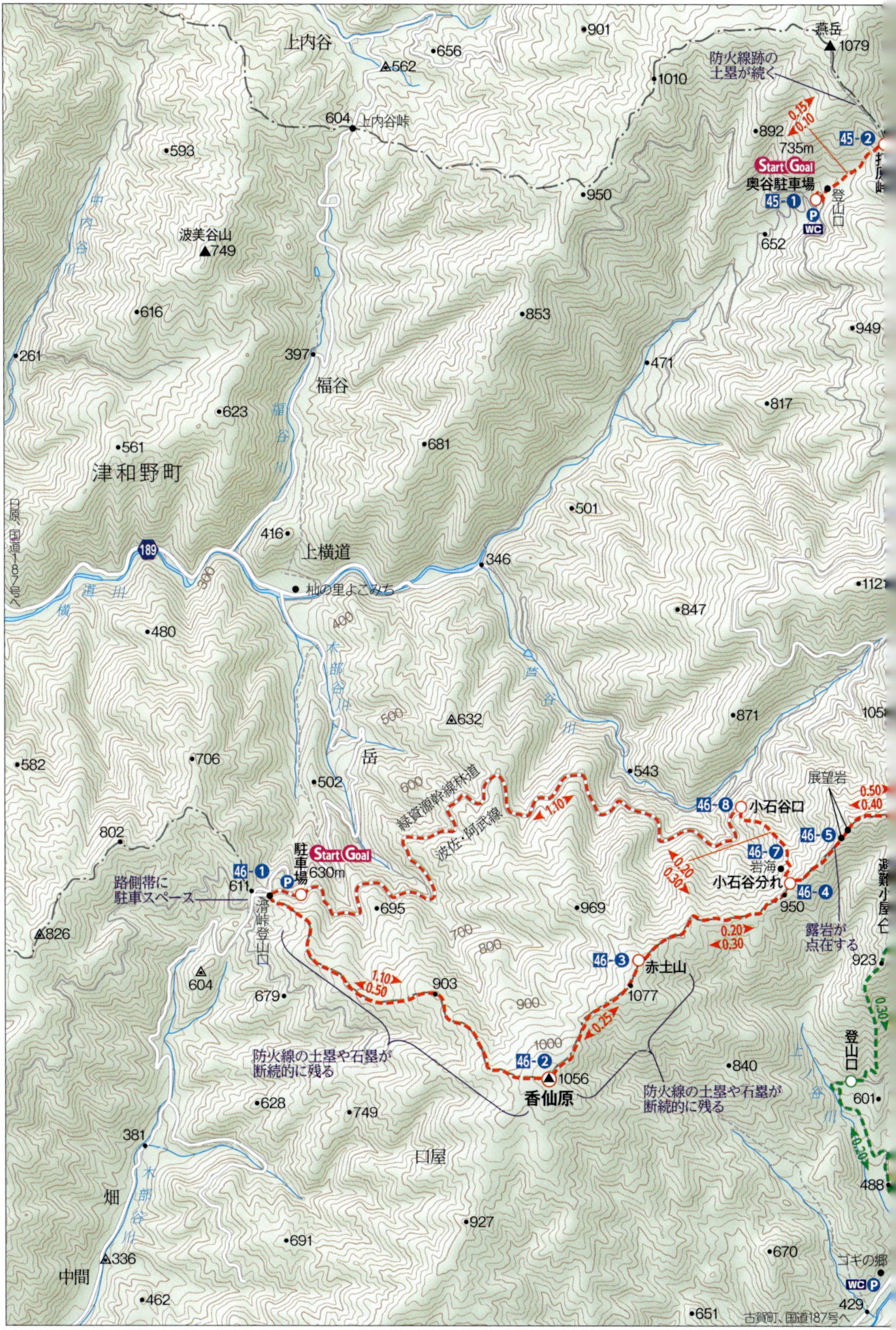
上内谷
562
656
901
燕岳
1079
防火線跡の
土塁が続く
1010
604
上内谷峠
0.15
0.10
892
735m
45-2
Start Goal
奥谷駐車場
45-1
登山口
P
WC
950
652
593
中内谷川
波美谷山
749
616
853
949
261
397
福谷
471
817
623
福谷川
681
561
津和野町
日原、国道187号へ
501
416
上横道
189
346
柚の里よこみち
横道川
1121
300
400
480
847
木部谷川
吉谷川
500
632
871
1058
582
706
岳
502
543
展望岩
900
緑資源幹線林道
波佐・阿武線
1.10
0.50
0.40
46-8
小石谷口
802
46-5
46-1
駐車場
Start Goal
630m
46-7
0.20
0.30
岩海
路側帯に
駐車スペース
611
P
695
969
小石谷分れ
46-4
950
826
滑峠登山口
700
800
0.20
0.30
露岩が
点在する
604
1.10
0.50
903
46-3
赤土山
923
679
1077
900
0.25
0.30
1000
登山口
防火線の土塁や石塁が
断続的に残る
46-2
1056
840
香仙原
601
628
749
防火線の土塁や石塁が
断続的に残る
381
口屋
488
畑
木部谷川
927
691
670
336
中間
コギの郷
WC P
462
429
651
古賀町、国道187号へ

46

安蔵寺山最長コースから山頂を目指す

安蔵寺山②

香仙原ルート

あぞうじやま
こうせんばらルート
1263m

日帰り

歩行時間＝5時間5分
歩行距離＝14.0km

技術度
体力度

コース定数＝**25**
標高差＝633m
累積標高差 ↗1100m ↘1100m

展望岩からどっしりとした山容の香仙原を見る

滑峠《ぬめっとう》から登る香仙原《こうせんばら》ルートは、安蔵寺山登山道の中では最も距離が長く、香仙原のピークを越え、大きな鞍部から安蔵寺山の頂に迫る尾根伝いのコースとなっている。登山道は植林や二次林に囲まれているが、林床に探る防火線の痕跡や、急峻な尾根上にある展望岩からの眺めなどがこのコースの見どころとなる。

駐車場から林道を少し引き返して、滑峠登山口から杉の植林帯を登る。二次林と植林を分ける尾根を直上する変化の少ない道は防火線を利用した登山道で、少し掘りこまれた道の左側に土塁状の土盛が続いている。沿道には錆びた鉄杭が見られるが、シカの食害を防ぐために設置されていた柵の名残だ。

アカマツやカエデ、シバグリ、リョウブなどの二次林を右手に、土盛や石積の痕跡を探りながらしばらく防火線の道を登っていく。やがて右手の林にブナも見られるようになり、傾斜が緩やかになれば、樹林に囲まれた**香仙原**の頂上に着く。かつて頂上部一帯はササやススキの原が広がり、展望もよ

■鉄道・バス
往路・復路＝公共交通機関はなく、マイカー利用となる。

■マイカー
中国自動車道六日市ICから国道187号を六日市・益田方面に向かい、約14㌔先、木部谷温泉の先を右折して道なりに6㌔上がると滑峠に着く。香仙原ルート登山口は右に林道に入り、約100㍍先。駐車場はさらに200㍍進むと左側にある。峠南側の少し広い路側帯も利用できる。

■登山適期
4月上旬から12月上旬ごろまでで、新緑や紅葉期がベスト。雪が降ると滑峠まで車が上がれない。

■アドバイス
▽車が2台ある場合は下山口の小石谷口に回送車を置いてもよいだろう。また、安蔵寺山トンネルの登山口へ回送車を置けば、頂上から奥谷ルートを歩き、安蔵寺山トンネル分岐からトンネル登山口へ下山する計画も立てられる。さらに奥谷駐車場へ車を置けば充実した縦走コースが楽しめる。

■問合せ先
津和野観光協会☎0856・72・1771、津和野町教育委員☎0856・72・1854

■2万5000分ノ1地形図
安蔵寺山・石谷

展望テラスから安芸冠山、寂地山方面を見る

かったそうだが、今ではその面影を感じることもできないほど、ブナやミズナラ、カエデなどの比較的若い林が育っている。

頂上から植林に沿って北に折れ、尾根上をたどれば**赤土山**《あかつちやま》で、頂上標柱のあたりには石積みの防火線が見られる。

正面に安蔵寺山を見て、下草の少ない快適な尾根道を下ると、いつのまにか防火線はなくなり、アップダウンを繰り返せば**小石谷**《こいしだに》**分れ**の鞍部となる。ここからブナ林の急坂をつづら折りで登っていく。やがて尾根上に点在する露岩を越えながら進むと展望岩に出合う。さらにその上にも展望岩があり、いずれの岩上からも広々とした展望が眺められ、どっしりとした香仙原の山容と、その右遠方に青野山《あおのやま》などが望める。

さらに登るとササ原から背後に展望が広がり、登るにつれてブナからミズナラの林に変わる。やがて奥谷《おくたに》コースに出合い、右に登れば**安蔵寺山**の頂上が左手奥にある。そのまままっすぐ進むと木製の**展望テラス**があり、南方を中心に180度以上の広々とした展望が楽しめる。

下山は**小石谷分れ**まで往路をとり、道標にしたがって小石谷口を目指そう。右に下っていくと規模は小さいが岩海があり、その横から右の尾根に上がり、植林の中をたどれば**小石谷口**に下山する。あとは林道を左にしばらく進めば起点とした**駐車場**に帰着する。

CHECK POINT

1 滑峠にある香仙原ルート登山口。ここから香仙原に取り付く

2 香仙原頂上は植林と二次林に囲まれている

3 赤土山頂上から、遠くに見える安蔵寺山に向かって鞍部へ下る

4 小石谷分れから急坂を登っていく。下山時はここから小石谷口へ下る

5 登りやすいようにロープが設置された展望岩

6 ミズナラ林を登ると奥谷からのコースに合流し右に上がる

7 小石谷分れの下にある岩海

8 小石谷口に下山したら林道をしばらく歩く

＊コース図は110～111ページを参照。

47

4つのピークを連ねる頂稜散策と展望の山

三子山

みつごやま
800m

日帰り

歩行時間＝3時間
歩行距離＝6・6km

技術度 1/5
体力度 1/5

コース定数	＝**16**
標高差	＝445m
累積標高差	↗768m ↘768m

益田《ますだ》市匹見《ひきみ》町と津和野《つわの》町の境にある三子山はその名のごとく3つのピークからなる山だが、正確には南峰、中央峰、北峰、岩乗《いわの》りの4ピークで構成されている。登山道は南麓の清谷《きよたに》と西麓の日浦《ひうら》側から拓かれている。日浦側は標高640㍍まで舗装道路が上がっているので、登山としては少し物足りない感がある。清谷側は、ほぼ谷間を登り、中央峰と北峰の鞍部に抜けるルートで、登り応えもあり、毎年7月には三子山登山大会も行われている。

民家の入口にかかる橋のたもとに**三子山登山口**の道標がある。民家の横から谷沿いの道に入り、ワサビ田が築かれた狭い谷間を登っていく。ほどなく、右に一度折り返し、夏草に覆われ気味の道をたどれば、樹林帯に入ったところに

岩乗りから燕岳と安蔵寺山方面を見る

岩乗りから大麻山と日本海を見る

三子山で唯一展望が開けている岩乗り

■鉄道・バス
往路・復路＝公共交通機関はなく、マイカー利用となる。

■マイカー
益田市街地から国道9号を津和野方面に走り、横田町の交差点で匹見方面に左折して国道488号に入る。約15㌔先にある匹見大津バス停横から「石谷経由日原町左鐙」の標識にしたがい、右折して匹見川にかかる大津橋を渡る。道なりに石谷川沿いに約7㌔走ると右に三子山の標識がある。標識にしたがって約700㍍進むと右手の民家手前が登山口。近くの路側帯に3台程度の駐車スペースがある。

■登山適期
3月下旬から12月上旬ごろが適期で、7月には登山大会が行われる。

■アドバイス
▽登山口は民家の敷地を通ることになるので、失礼のないように通過したい。また、谷沿いのワサビは山間に暮らす農家の大切な作物なので、絶対に採らないように。
▽津和野町の日浦側から林道を利用すればわずかの時間で南峰に登れる。登山口の道標はなく、山側の法面にガードパイプが設置された歩道が登山口で、登山道がほぼ尾根通しに南峰の頂上まで続いている。

■問合せ先
益田市教育委員会匹見分室☎085

道標がある。

つづら折りから、右の谷沿いに登るようになり、小さな尾根を右に越えてトラバース気味に行くと沢を渡る。このあたり、道も狭く、夏草が茂る時期には踏跡がわかりにくい場合がある。その先に大亀岩《おおかめいわ》があり、沢にはさまれた**尾根末端の広場**に上がる。おおむね谷沿いを登るこのコースの中では比較的広い場所なので、休憩をとるにはここがよいだろう。

再び杉の植林地に続く谷沿いの道を登るが、時期によっては杉の落葉が登山道を隠している場合もあるので、道の痕跡を探りながら登っていく。やがて荒れた作業道に出合い、つづら折りで植林地を登り、樹間から空が透けて見えるようになると**主尾根**に上がる。

まずは左の中央峰と南峰へ向かってみよう。ミズナラやシデに囲まれた緩やかな尾根道をたどれば、三角点のある**三子山**山頂の中央峰に着く。**南峰**へは山頂の看板から左に下っていくが、いずれの峰も展望はない。**分岐**まで戻り、少し登ると趣のある北峰の頂上看板があり、快適な尾根道を行けば南東方向に展望のきく**岩乗り**に着く。

下山は往路を戻る。

6・56・0301、益田市匹見総合支所地域づくり推進課☎0856・56・0305

■2万5000分ノ1地形図
石谷

CHECK POINT

1 三子山登山口。右の橋を渡って民家の横から谷あいに入る

2 尾根末端の広場は快適な休憩ポイント

3 中央峰と北峰の鞍部からは緩やかな尾根道が両側に続く

4 三角点のある中央峰は、樹林に囲まれて展望はない。南峰へは左に下る道を行く

5 植林と二次林に囲まれた南峰頂上。ここには日浦側からの登山道が上がっている

6 展望はないが、夏緑林に囲まれて気持ちがよい北峰山頂

48

日帰り

天狗山（益田市）

猿田彦命を祀る信仰の岩塔を目指す

てんぐやま
437m（三角点）（最高到達点＝435m）

歩行時間＝45分
歩行距離＝1・5km

技術度 ■■□□□
体力度 ■□□□□

コース定数	＝4
標高差	＝231m
累積標高差	↗231m ↘231m

岩塔の下に祀られている天狗社

匹見川から見上げる岩塔

岩塔から蛇行する匹見川のV字谷を見る

匹見川《ひきみ》沿いを走る国道488号の益田《ますだ》市猪木谷《いのきだに》町付近から眺めると、急峻な山肌の上に岩塔が見える。明確なピークという感じではないが、樹林に覆われた山々の中で、突出した岩塔に古の人々が神秘性を感じたのかもしれない。由来には「猿田彦《さるたひこ》神鎮座三百年以上に到る」とあり、岩塔の下に古くから地元によって守り継がれている「天狗さま」が祀られる社が建っている。信仰の地ということもあってか、天狗山の案内標識や道標もないので、下調べがなければ山の麓へたどり着くことも難しいだろう。

■鉄道・バス
往路・復路＝公共交通機関はなく、マイカー利用となる。

■マイカー
益田市街地から国道9号を津和野方面に走り、横田町の交差点で匹見方面に左折して国道488号を約4キロ走ると白岩トンネル手前に、「大峯破・八ヶ瀬」の標識がある。ここで右の道に入り、匹見川沿いを進むと、トラス構造の緑色をした八ヶ瀬橋が見える。橋を渡り、道なりに進めば大元神社をすぎて林道大峯破線の起点に着く。ここではじめて天狗山の由来板があり、道が正しかったことがわかる。そのまま狭い林道を進めば登山口だ。

■登山適期
通年登れるが、夏は下草が茂るので春か秋が適している。

■アドバイス
▽林道大峯破線は狭く、両側に草が茂っていることが多い。登山口まで入れない場合も考えられるので、林道入口か、途中にある駐車スペースから歩くのもよい。

匹見川にかかる八ヶ瀬橋を渡り、道なりに進む

天狗さま由来の解説板から桧谷《ひのきだに》川に沿った林道大峯《おおずえ》破線の狭い車道を進み、谷を右に渡るカーブ地点が**登山口**だ。路肩には2台程度の駐車スペースしかない。

天狗神社参道入口の標石から轍道を上がっていくと、すぐに広場がある。ここが駐車場のようで、四輪駆動車ならここまで上がれるだろう。小川にかかる橋を渡り、夏草に覆われ気味の踏跡をたどると、再び小川を右岸に渡る。わずかな杉の植林から、ヤブツバキの多い林の中を登っていく。

右手に沢音を聞くと、やがて岩盤を流れる七滑《なめら》ノ滝がある。ここから少しずつ沢から離れるように登ると、あたりはリョウブやコバノミツバツツジ、ナラなどの夏緑林に変わり、沿道にはウラジロシダも見られるようになる。

小さな石ころの多い道をしばらく右上すると主尾根に上がり、左に向かえば岩塔の下に天狗さまが祀られている**天狗社**前の広場に着く。社の左から岩塔の基部を回りこめば岩の上に立てるが、危険なので充分注意して展望を楽しみたい。また、岩塔は天狗社の背後にあるので、祀られている天狗さまに失礼のないよう心がけたい。地形図によると天狗山の三角点は尾根を北西に約200㍍行ったところにあるが、道はないようだ。

下山は往路を下る。

▽参道入口から杉の植林地に入るまで、夏草が旺盛な時期は足もとがわかりにくい場合があるが、林に入ればしっかりした道が続いている。

▽岩塔からの展望を楽しむ場合、ザックなどは社前の広場に置いて空身で登る方がよいが、不安を感じたら無理な行動は慎みたい。

■問合せ先

益田市役所☎0856・31・0100

■2万5000分ノ1地形図

石見横田

CHECK POINT

1 林道大峯破線の起点。ここではじめて天狗山の山名を確認できる

2 天狗山登山口。路肩は狭いので他車のじゃまにならないように駐車したい

3 登山道沿いの岩盤を流れる七滑ノ滝

4 天狗さま前の広場、岩塔へは社の左側から登る

49

希少種が生息する山間の湖畔を歩く

地倉沼

ちくらぬま
475m（最高到達地点）

日帰り

歩行時間＝2時間10分
歩行距離＝8・4km

技術度

体力度

コース定数＝**12**
標高差＝349m
累積標高差 ↗540m ↘540m

↑満々と水を湛えた地倉沼
←千倉権現

地倉沼は地倉山の噴出物によって形成された標高435ﾒｰﾄﾙ付近にある堰止湖で、渇水期には沼底に水が流れている程度だが、梅雨時や大雨のあとは満々と水を湛えた湖となる。地形図には沼から川が流れているように記されているが、相当の大雨が降ってもあふれることはなく、伏流水となって標高240ﾒｰﾄﾙ付近で滝となって流れ出ている。2016年、そのような水位変化をする環境でしか生息しない甲殻類のヤマトウスヒメカイエビが、国内4箇所目の生息地として発見された。

青野山《あおのやま》駅から麓耕《ろっこう》踏切を渡り、右に橋を渡ると中国自然歩道の案内図がある。その先で直地《ただち》踏切の手前を左に折れて田んぼのほとりを行く。すぐに鉄道の下にかかる橋を渡り、畑跡から杉の植林地に入る。道は少しずつ急になり、植林と自然林を繰り返しながら登ると車道に出合う。そのまま車道をたどっても沼には行けるが、少し先にある**道標**にしたがって左の歩道に入ろう。

再び車道に出て、中国自然歩道の道標にしたがって進み、もう一度車道に出たら右に行く。県立自然公園の入口には案内板と駐車スペースがある。道なりに進むと中国自然歩道の分岐をすぎて沼の西端に着く。左右に広い道が続いているが、一周する**観察路**は沼に少し下りたところにあるので間違わないように。左から沼を観察しながら歩くと、山際に古い石垣が続いている場所に着く。地元の人の話では昔このあたりに畑があったという。

ここから観察路は2本に分かれるが、いずれの道も沼の東側で合流して一周できる。ほどなく左手に鳥居が見えたら千倉権現まで往復して地倉沼をあとにする。

帰路は車道をそのまま下るが、歩道の分岐をすぎると右下の谷間から伏流水の出口となる滝がわず

■鉄道・バス
往路・復路＝JR山口線青野山駅が最寄り駅で、起・終点となる。

■マイカー
登山起点となる直地地区の道路は狭く、路肩駐車は地元の迷惑になるので路上駐車は控えたい。直地児童館の駐車場を利用させてもらえるが、児童の安全のために駐車は道路側フェンス寄りに停めること。

かに見え、そして山側には水音が地中から聞こえる場所がある。やがて鳥居と**ゲート**の先で林道に出合い、右に行けば直地踏切で往路に合流する。

CHECK POINT

中国自然歩道の案内図を見て、狭い車道を歩いていく

自然歩道を上がると車道に出合う

県立自然公園入口。ここまで車道があるが四輪駆動車でなければ来ることはできない

地倉沼西端。左右に轍道が続いているが、観察路はまっすぐ下りていく

ハンノキ林の湿地帯に設置された木道は、満水時には浸水することもある

車の通行は自由とされているが、四輪駆動車でなければ通行不可能

■登山適期

季節ごとに表情を変える地倉沼は通年登れる。チョウジソウ（丁字草）の咲く5月下旬から6月上旬、モリアオガエルの卵塊が見られる6月ごろが適している。

■アドバイス

▽地倉沼手前まで上がっている車道は、千倉権現の参道としてつくられた道で、自己責任で通ることは許されているが、道は急で、四輪駆動車でなければ通れない。

▽千倉権現に上がる少し先に坑道があり、津和野町史の地図には「銅鉱」と記載されている。ただ、稼働していたという記録がないので、試掘の痕跡なのかもしれない。

坑道跡

▽湖畔にはマムシが多いので、初夏から秋にかけては足もとに注意すること。

■問合せ先

津和野町商工観光課☎0856・72・0652、津和野町観光協会☎0856・72・1771

■2万5000分ノ1地形図

津和野

50

子供たちが手づくりしたプレートが迎えてくれる津和野の名峰

青野山

日帰り

あおのやま
908m

歩行時間＝2時間
歩行距離＝5.0km

技術度

体力度

コース定数＝11

標高差＝473m

累積標高差 557m 557m

津和野《つわの》川に沿って国道9号を津和野市街地方面に向かって南下していくと、正面にお椀を伏せたような存在感のある山が見えてくる。それが青野山で、古くは「妹山《いもやま》」ともよばれた津和野町のシンボル的存在の山だ。約13万年前または23万年前に形成されたと考えられている溶岩ドームで、地形図を見ると同心円状の山体をしているのがよくわかる。今は二次林や植林に覆われているが、昭和30年代まで山肌は採草地として利用され、毎年山焼きも行われていたという。

青《あお》野《の》磧《がわら》駐車場上の登山口から入り、植林地を抜けて荒れた避難小屋の左側を回りこんでしばらく登る。やがて左上するようになると植林に変わってアカマツやリョウブ、アオキ、クロモジなどの二次林の中に、ベンチと「あと100㍍」のプレートがある。ブリキ板の簡単なプレートは、地元小学生の手づくりで、「94年6月5日」の日付と製作者の名前が書かれている。

ほどなくススキやイバラの原が広がるあたりで展望が開けて、つづら折りで**尾根に上がる**。ここから麓耕《ろっこう》くずれに沿った急な尾根を登るが、プレートに書かれたひとことコメントが励ましてくれる。

やがて津和野市街展望地をすぎ、頂上部の平地を行けば青野山《さん》王権現《のうごんげん》の前に出る。右の草原の先に三角点と**青野山**頂上の標柱が立っている。

下山は笹山《ささやま》登山口へ下ろう。このコースにも手づくりプレートが設置されていて、林相とそれらのひとことコメントが楽しみだ。

やがて「あと500㍍」のプレートで**展望**が開け、600㍍をすぎると暗い植林帯に入り、段差の大きい土留めの木段を膝に負担を

頂上に祀られている青野山王権現

■鉄道・バス

往路・復路＝JR山口線津和野駅から町営デマンドバスがあるが、登山への利用は難しい。駅からタクシーを利用するかマイカーが現実的。

青野磧駐車場から道を渡るとすぐに登山口がある

■マイカー

益田市街地から国道9号を津和野方面に走り、津和野市街地を右下に見てそのまま小郡、山口方面に向かう。正面に見える大きな朱の鳥居の先で、県道226号を吉賀方面に左折。道なりに進むと青野山が望めるようになり、笹山登山口で左折して、センターラインのある林道笹山山入線

CHECK POINT

避難小屋の左から回りこむように登山道が続いている

ベンチと小学生作製の「あと1000㍍」のプレート

600㍍のプレート付近は急斜面の直登となっている

青野山頂上は、露岩の多い広場となっている

植林地に続く段差の大きい木段は、膝に負担をかけないようゆっくりと下っていきたい

笹山登山口。ここから広い林道を青野積駐車場まで歩く

津和野城址から眺める青野山

かけないようゆっくりと下っていく。道が緩やかになれば「ダッシュ」と書かれた1000㍍のプレートがある。ダッシュは無理だろうと思いながら下れば、古い石段と石垣をすぎて**笹山登山口**に下り着く。あとは右に林道を**青野積駐車場**まで戻る。

を走ればトンネルの先に青野積駐車場がある。

■登山適期
通年登れるが、盛夏は暑いので新緑や紅葉の時期が適している。

■アドバイス
▽中国自動車道を利用する場合、六日市ICから国道187号を経て国道9号へ。または鹿野ICから国道315号を経て国道9号へ入り津和野へ向かうとよい。
▽100㍍ごとに樹木にかけられているプレートは、数枚は確認できないが、そのほとんどが残っている。設置から25年をすぎても残っているのは、針金を使った簡単な設置なので、気がついた登山者が補修をしているからだろう。

笹山コースに設置されている、「あと1000㍍」のプレート

■問合せ先
津和野町商工観光課☎0856・72・0652、津和野町観光協会☎0856・72・1771、koikoi（コイコイ）タクシー☎0856・72・3700

■2万5000分ノ1地形図
津和野

51 急峻な登山道から俯瞰する高津川の蛇行と中国山地

盛太ヶ岳

もったがだけ
891m

日帰り

歩行時間＝2時間35分
歩行距離＝7・5km

技術度 ■■□□□
体力度 ■□□□□

コース定数	＝14
標高差	＝650m
累積標高差	↗ 679m ↘ 679m

高津川と盛太ヶ岳

展望地から高尻の谷と安蔵寺山を見る

「清流日本一」に何度も選ばれている高津《たかつ》川が流れる吉賀《よしか》町七日市《なぬかいち》付近から南西方向を眺めると、均整のとれた山容が望める。「吉賀富士」ともよばれる盛太ヶ岳で、江戸期の歴史書『吉賀記』によると、飯を盛り上げたように見えることからその名があるという。毎年春には地元小学生の登山も恒例となっているなど、地域に親しまれている山だ。頂上には周石第四十五番奥の院霊場の祠が祀られて、参道が南麓の棗《なつめ》からあったようだが、今は歩く人もなく、背丈ほどのササやぶに覆われている。一般には登山口案内板がある抜月《ぬくつき》から往復することになる。

案内板横から**登山を開始**する。里道を行くと、民家をすぎて林道の轍道に変わる。竹林に覆われた道は左に折り返し、視界が開けるとコンクリート舗装を歩くようになる。やがて左に下り気味の道を見送ると、左手に荒れた栗園跡、そして交差する作業道をすぎると右手にも栗園跡があり、大きな栗の木にはいくつかの熊棚も見られる。

林道はこの少し先で**終点**とな

■**鉄道・バス**

往路・復路＝JR山口線日原駅から六日市交通のバスで抜月橋バス停下車し、登山起点の案内板まで約10分歩く。ただし便数は少なく、日曜運休なので要確認。

■**マイカー**

中国自動車道六日市ICから国道187号を六日市・益田方面に右折し、約8キロ先でふるさと農道を抜月方面に左折。突き当たりの丁字路を右折して約1キロ走れば盛太ヶ岳の案内板があり、路側帯に数台の駐車スペースがある。

■**登山適期**

3月中旬から12月上旬ごろ。4月中旬に草刈が行われるため、新緑のころまでは快適だが、夏草が茂りはじめると頂上はススキ原となり、やぶこぎを強いられる場合もある。積雪がある場合は、スリップに注意が必要。

■**アドバイス**

▽『吉賀記』には、「高山なので萩、須佐海上眼下に見え西北に妹山、東に大岡山」と記されているが、北西方向には鈴ノ大谷山から北に連なる標高980メートル前後の尾根があるため、標高890メートルの盛太ヶ岳からは物理的に見えない。記されている中で実際に見えるのは大岡山だけとなる。

▽登山起点とする案内板近くの駐車

り、登山道がはじまる。アカマツやリョウブ、コシアブラ、アベマキなどの二次林に囲まれた道を進み、杉の植林地に入れば、すぐに分岐があるので、左の尾根に続く道に入る。

傾斜の少し急になった尾根道から、右の樹間の先に鈴《すず》ノ大谷山《おおたにやま》の稜線を垣間見ながらしばらく登ると**展望地**となる。北東に切り開かれた場所からは七日市の里の先に安《あ》蔵寺山《ぞうじやま》の山塊が望める。

ここから短い吊尾根をすぎて登ると、小さな石室に小さな地蔵が祀られている。このあたりから急登となり、設置されたロープの上端に達すると背後にほぼ180度の展望が広がり、この登山で最も眺めのよい場所となる。足もとに注意して時折展望を楽しみながら登り、傾斜が緩やかになるとほどなく**盛太ヶ岳**頂上だ。草原の頂上からは主に南東方向に展望が広がっている。

下山は往路を戻るが、急峻な場所ではスリップに注意したい。

スペースがいっぱいの場合は、約100メートル先に広い路側帯がある。

■問合せ先
吉賀町役場企画課☎0856・77・1437、六日市交通☎0856・77・0073

■2万5000分ノ1地形図
六日市・椛谷

CHECK POINT

1 盛太ヶ岳の案内板付近の路側帯に数台の駐車スペースがあり、起点となる

2 林道終点から登山道に入り、リョウブやコシアブラ、アベマキなどの雑木林を進む

3 杉の植林地にある分岐を左に上がっていくが、少しわかりにくいので注意

4 平坦な展望地に上がると、安蔵寺山方面が望める

5 急峻な登山道脇に祀られている小さな石地蔵

6 盛太ヶ岳の頂上には祠が祀られている

52

世界ジオパークの頂と自然林を楽しむ

大満寺山

だいまんじさん
608m（1等三角点）

日帰り

歩行時間＝1時間30分
歩行距離＝4・1㎞

技術度

体力度

コース定数	＝9
標高差	＝230m
累積標高差	436m / 436m

隠岐島《おきのしま》は優れた地形や地質、独自の生態系などから、「隠岐ユネスコ世界ジオパーク」に認定されている。島の最高峰である大満寺山中腹には樹齢800年といわれる乳房杉《ちちすぎ》があり、登山とともに楽しむには南谷《みなみたに》林道を起点にめぐるコースが適しているだろう。

乳房杉の少し下にある駐車スペースが**登山口**になる。林道を下ると大満寺山へ0・9キロの道標がある。杉の間を縫うようによく踏まれた道を登ると、林床にリョウメンシダの群生が見られる。ほどなくシロダモやサワグルミ、カツラなどの林に変わり、山肌を左上するようになれば主尾根の**分岐**に着く。南側斜面はほぼ純林に近いヤブツバキの森で、尾根を右に向かうと、沿道にイチイの大木が数本見られる。

ロープが設置された急斜面を登りきると、足もとは石を積み重ねたような道に変わる。頂上部の東端に上がれば、樹間からわずかに頂上が望め、石の多い尾根をたどると左手の視界が開け、**大満寺山**頂上に立つ。隠岐水産高校によって設置された大きな方位板があり、南側に西郷《さいごう》港が俯瞰できる。

山頂から鷲《わし》ヶ峰《みね》へ向かっていこう。道標にしたがって岩の横から尾根道に入る。石の多い道からほどなく急坂を下り、前方に鷲ヶ峰を樹間から眺めながら進むと歩きやすい道に変わる。シロダモやアオキ、ハイイヌガヤなどの自然林から、ヤブツバキの純林をくぐれば**林道**に下り立つ。右に下れば起

↑白崎の向こうに西郷湾と大満寺山を見る

←観察ポイント1から眺める屏風岩

■高速船・フェリー

往路・復路＝七類港か境港から高速船やフェリーに乗船、西郷港へ。あるいは出雲空港や大阪伊丹空港から隠岐空港へ飛行機が利用できる。登山口へは公共交通機関がないのでレンタカーかタクシー利用となる。

■マイカー

七類港か境港からフェリーを利用し、西郷港で下船。港出口を左折して道なりに走ると国道485号に入る。国道を五箇・都万方面に進み、銚子ダムの標識にしたがって右折。なおも国道を走り、中村・銚子ダム方面に右折して県道316号に入る。約2キロ先で銚子ダムの堰堤をす

樹齢800年といわれる乳房杉

大満寺山頂上から俯瞰する西郷港

点だが、ここでは左手に見える登山コース案内図から鷲ヶ峰へ向かおう。

緩やかな道からつづら折りで尾根に上がり、鉄製のハシゴを登ると、岩を縫うように尾根道が続いている。左手に島前《どうぜん》の島々が眺められる場所をすぎると標柱が建つ**鷲ヶ峰**三角点だ。右の道を少し入ると屏風岩の観察ポイントが2箇所あるが、岩頭からの展望となるので、足もとに充分注意したい。

下山は**林道**まで引き返し、林道を下れば乳房杉の前を通って帰着する。

CHECK POINT

1 乳房杉の近くにある大満寺山の登山口。ここから杉の間を登っていく

2 隠岐水産高校設置の大きな方位板がある大満寺山の頂上

3 三角点ピークにある鷲ヶ峰の標柱。右に屏風岩の観察ポイントがある

4 ロープが設置された観察ポイント1。岩頭からは屏風岩が目の前に見える

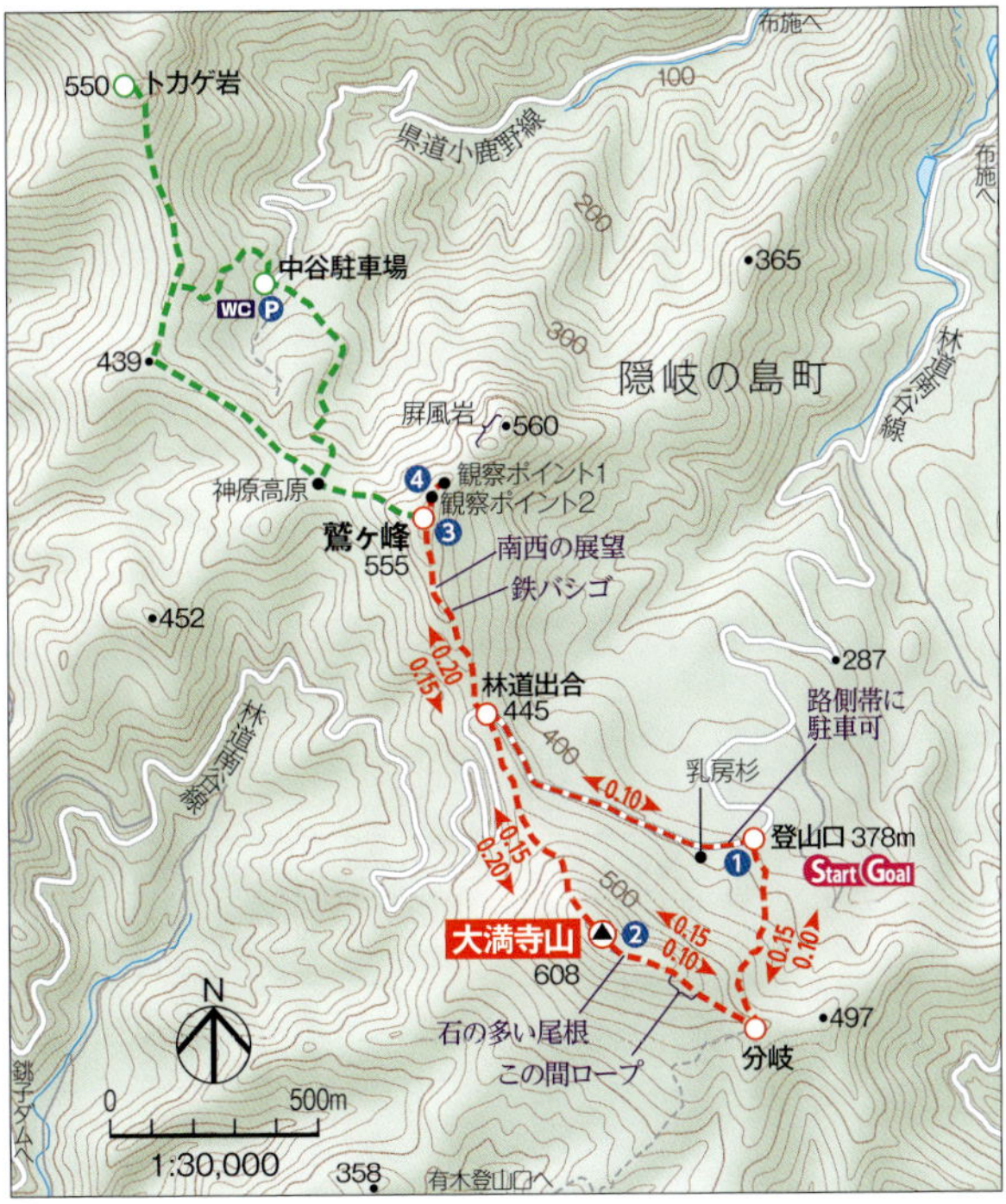

ぎた先から右折して橋を渡り、狭くカーブの多い林道南谷線を約6キロ上がれば鷲ヶ峰登山口のある峠をすぎて、乳房杉の先に広い路側帯がある。

■登山適期

通年登れるが、オキシャクナゲが咲く5月から6月がおすすめで、冬期は天候の悪い日が多い。

■アドバイス

▽所要時間が短いので、物足りない人には有木登山口から登るか、鷲ヶ峰からトカゲ岩まで足をのばすのも一考。一帯はマムシが多い地域なので、注意が必要。春や秋の涼しい時期や夏から秋の雨上がりなどは日の当たる場所で日光浴をしているので、岩の上などは要注意。

■問合せ先

隠岐の島町観光協会☎08512・2・0787

■2万5000分ノ1地形図

隠岐北部

●著者紹介

岡本良治（おかもと・りょうじ）

1958年広島市生まれ。東京工芸大学卒。同大研究生修了後、出版社写真部を経て独立。帰郷と同時に広島山岳会に入会し、20代から30代のころにパキスタン、インド、中国カラコルムの未踏峰の登山隊に参加し、初登頂一座、初登攀一座、敗退一座。ハワイ・広島間のオーシャンヨットレース参加、ネパール、ブータン等のトレッキング、韓国自転車旅行などを楽しむ。また、日本各地の自然風景を撮り歩いた経験から、人里の景色を再認識し、中国地方を中心に、人の温もりや想いが感じられる農山村の風景の撮影を続けている。現在はハードなクライミングから離れて久しく、近県を中心に山歩きを楽しんでいる。（社）日本写真家協会、広島山岳会、広島ブータン共会、NPO法人アースランドフォトネットワーク各会員。松江市在住。

分県登山ガイド31

島根県の山

2018年12月1日 初版第1刷発行

著　者 —— 岡本良治
発行人 —— 川崎深雪
発行所 —— 株式会社 山と溪谷社
〒101-0051
東京都千代田区神田神保町1丁目105番地

■乱丁・落丁のお問合せ先
山と溪谷社自動応答サービス　TEL03-6837-5018
受付時間／10:00-12:00、13:00-17:30（土日、祝日を除く）

■内容に関するお問合せ先
山と溪谷社　TEL03-6744-1900（代表）

■書店・取次様からのお問合せ先
山と溪谷社受注センター
TEL03-6744-1919　FAX03-6744-1927
http://www.yamakei.co.jp/

印刷所 —— 大日本印刷株式会社
製本所 —— 株式会社明光社

ISBN978-4-635-02061-9

●乱丁、落丁などの不良品は送料小社負担でお取り替えいたします。
●定価はカバーに表示してあります。

●編集
WALK CORPORATION
皆方久美子

●ブック・カバーデザイン
I.D.G.

● DTP
WALK DTP Systems
水谷イタル　三好啓子

● MAP
株式会社 千秋社

■本書に掲載した地図は、国土地理院長の承認を得て、同院発行の数値地図（国土基本情報）電子国土基本図（地図情報）、数値地図（国土基本情報）電子国土基本図（地名情報）、数値地図（国土基本情報）基盤地図情報（数値標高モデル）及び数値地図（国土基本情報20万）を使用したものです。（承認番号 平30情使、第724号）

■各紹介コースの「コース定数」および「体力度のランク」については、鹿屋体育大学教授・山本正嘉さんの指導とアドバイスに基づいて算出したものです。

■本書に掲載した歩行距離、累積標高差の計算には、DAN杉本さん作製の「カシミール3D」を利用させていただきました。